KB179066

발터 벤야민이 들려주는

복제 이야기

발터 벤야민이 들려주는
복제 이야기

ⓒ 강용수, 2008

초판 1쇄 발행일 2008년 6월 27일
초판 11쇄 발행일 2022년 10월 5일

지은이   강용수
펴낸이   정은영

펴낸곳   (주)자음과모음
출판등록   2001년 11월 28일 제2001-000259호
주소   10881 경기도 파주시 회동길 325-20
전화   편집부 (02)324-2347 경영지원부 (02)325-6047
팩스   편집부 (02)324-2348 경영지원부 (02)2648-1311
e-mail   jamoteen@jamobook.com

ISBN 978-89-544-0813-4 (64100)

발터 벤야민이 들려주는
복제 이야기

강용수 지음

|주|자음과모음

책머리에

벤야민(Walter Benjamin 1892~1940)은 독일 철학자이자 문학 비평가로 유명합니다. 그는 부유한 유대인 집에서 태어나 프라이부르크, 뮌헨, 그리고 베른에서 철학을 공부했습니다. 하지만 프랑크푸르트 대학에서 박사 논문이 거절당하자 공부를 더 이상 할 수 없게 되었고, 히틀러가 정권을 잡으면서 유대인 학대를 피해 파리로 건너갔다고 합니다. 그 후 미국으로 도망가려다 어려움에 빠져 결국 약물 과다로 죽었습니다.

벤야민은 발전하는 과학기술로 모든 것이 복제 가능하게 된 현대 사회를 처음으로 비판한 사람입니다. 요즘은 음악 CD뿐만 아니라 영화 DVD도 쉽게 복사할 수 있습니다. 또 그 사진과 영상을 홈페이지나 블로그에 쉽게 올릴 수 있게 되었습니다. 그런 걸 보면 벤야민의 예언이 정확했다고 할 수도 있을 것 같습니다. 언젠가 인간도 복제할 수 있는 세상이 온다면 이 지구상에는 똑같은 사람으로 넘쳐나지 않을까요? 그러면 누가 진짜이고 가짜인지 구별하기가 어렵게 될 것입니다. 그 얼마나 혼란스러울까요?

벤야민은 가장 중요한 것은 복제될 수 없다고 말했습니다. 사진을 찍건 복사를 하건, 어떤 복제품도 원본만이 가진 고유한 '아우라(Aura)' 즉, '분위기'까지 따올 수는 없기 때문입니다. 아름다운 자연 풍경을 최고 사양의 디지털카메라로 아무리 잘 찍더라도, 그 이미지는 실제 풍경과는 확연히 다르다는 것입니다. 루브르박물관의 모나리자 사진과 실제 모나리자 그림이 주는 감동이 같지 않듯이 말입니다. 그래서 우리는 비싼 돈을 지불하고서라도 전시회를 찾는 것입니다. 진짜 그림을 보려는 것은 사진에서 느낄 수 없는 진한 감동을 느끼고 싶기 때문입니다. 우리가 음악 콘서트를 찾는 이유도 마찬가지입니다. 연주 현장에서 직접 듣는 생음악은, 아무리 사운드가 좋고 사양이 높다고 해도 MP3나 CD플레이어로 듣는 음악 소리와는 비교할 수 없는 무언가가 있기 때문입니다.

그렇다면 복제를 해도 복제할 수 없는 진실한 것은 무엇일까요? 자, 이제 아우라를 찾아 떠나 볼까요?

2008년 6월
강용수

C O N T E N T S ————————

프롤로그

텔레비전을 켜자 아빠가 인터뷰하는 모습이 나왔습니다. 리포터는 윤
동주 시인의 생애를 그린 아빠의 신작 영화 〈별 헤는 밤〉에 대해 설명하
고 있었습니다. 텔레비전에 나오는 아빠는 실망 그 자체였습니다. 방송
한다는 소리 못 들었나? 며칠 동안 감지 않은 머리, 깎지 않은 턱수염,
갈아입지 않는 폴라티……. 화면 아래 '영화감독 박중현'이라는 자막을
봐야 영화감독으로 알지, 그게 아니면 누가 아빠를 영화감독이라고 생
각할까요? 나는 친구들이 텔레비전에 나온 아빠를 볼까 걱정이었습니
다. 살은 왜 저렇게 빠진 거야? 엄마랑 함께 살았다면 매일같이 촬영장
으로 도시락을 날랐을 텐데…….

아빠 얼굴을 못 본 지 벌써 3일째입니다. 텔레비전 화면에서나 안부를
확인해야 하다니. 영화인 가족들은 다 이렇게 살까요? 아빠와 잠시 떨
어져 살기로 한 엄마의 심정이 조금은 이해가 갔습니다.

곧이어 아빠가 배우들과 영화 촬영하는 장면이 나왔습니다. 나는 촬영에 몰두하는 아빠 모습을 뚫어지게 보았습니다. 아빠는 배우들에게 직접 시범을 보이며 한 장면 한 장면 자세히 설명하고 있었습니다. 몰골은 초췌하지만 아빠 말과 몸짓에서 강한 힘이 느껴졌습니다. 아빠의 눈동자에서 강렬한 빛이 뿜어져 나왔습니다. 배짝 마른 아빠의 어디에서 저런 에너지가 나오는 걸까요? 그래, 영화감독을 하려면 저 정도 카리스마는 있어야지! 지저분해 보였던 아빠가 점점 멋있어 보였습니다.

그나저나 아빠는 오늘이 6개월의 마지막 날이라는 건 아실까요? 내일은 엄마 집으로 옮기는 날인데 오늘은 들어오실까요? 아니면 바쁜 아빠에게 알리지 말고 혼자 조용히 떠날까요?

따르릉, 따르릉.

"재현이니? 재현아, 정말 미안하다."

아빠 목소리를 들으니 오늘도 못 들어오실 것 같습니다. 예상은 했지만 역시 그렇네요. 힘이 빠졌습니다. 이해심 많은 내가 바쁜 아빠를 이해해야겠지요. 나 역시 아빠처럼 영화인이 되려면 바쁜 것에 익숙해져야겠죠.

방 안을 휘둘러보았습니다. 짐을 미리 다 보내 놓아서 무척 허전했습니다. 혼자서 마지막 날을 보낼 생각을 하니 서운했습니다. 책상 위에 있는 물건들을 한꺼번에 가방에 쓸어 넣었습니다.

엄마 집에서 6개월, 아빠 집에서 6개월을 지냈더니 벌써 1년이 지나 새 학년이 되었습니다. 처음에는 엄마 없이 아빠하고만 살거나 아빠 없이 엄마랑 사는 게 무척 어색할 줄 알았습니다. 하지만 막상 살아보니 예전에 다 같이 살 때랑 별다른 게 없었습니다. 같이 사나 따로 사나 두 분이 바쁜 것은 여전했습니다. 다만 바뀐 게 있다면, 엄마 아빠가 나에게 잔소리를 하는 게 아니라 내가 엄마 아빠에게 잔소리를 하게 되었다는 것입니다.

솔직히 두 분이 따로 살기 시작하면서 내가 두 분 보호자가 된 느낌이었습니다. 내가 엄마 아빠 식사와 건강을 챙기고 있으니……. 엄마랑 있을 때는 아빠가 걱정되고 아빠랑 있을 때는 엄마가 걱정되었습니다. 엄마 아빠 모두 내가 집을 옮길 때마다 나한테 서로를 부탁하곤 했습니다. 엄마는 나에게 "가서 아빠 식사 거르지 않게 잘 챙겨드려." 아빠는 나에게 "엄마 힘들지 않게 네가 잘 돌봐줘." 이러니 내가 두 분 보호자일 수밖에요.

가방을 다 챙기고 침대에 벌러덩 누웠습니다. 천장에 붙여 놓은 효리 누나, 동건이 형, 상우 형, 소녀시대 누나들이 나를 위해 작별 미소를 보냈습니다.

"안녕, 6개월 후에 또 봐요."

나는 누나들과 형들에게 거수경례를 했습니다. 형, 누나들의 사진을 보자 아빠 때문에 서운했던 마음이 풀렸습니다. 아, 나도 빨리 스타가 됐으면 좋겠습니다. 그러면 이렇게 혼자서 우울해할 시간은 없을 텐데…….

나는 스타가 되기 위한 첫걸음으로 학교 연극부를 찜했습니다. 우리 학교 연극부는 오랜 역사와 전통을 자랑할 뿐만 아니라 우리 학교 연극부를 거쳐 간 연예인이나 유명 예술가들이 많았습니다. 그 대표적인 사람이 바로 영화감독인 우리 아빠였습니다. 나도 아빠의 뒤를 이어 연극부에 들어간다고 하면 아빠는 뭐라고 하실까요? 아무튼 연극부만 들어간다면 누구보다도 제일 열심히 할 겁니다.

그런데 마음에 걸리는 게 하나 있었습니다. 히틀러. 연극부 부장 조용혁 형이었습니다. 소문에는 보통 무서운 형이 아니라고 했습니다. 히틀러 때문에 연극부원이 한 달도 안 돼서 반으로 줄었다는 둥, 못 하면 때린다는 둥, 눈빛만 봐도 아주 살벌하다는 둥, 악명이 자자했습니다. 용혁이 형을 만나본 적도 없었는데 소문 때문인지 이미 한 달은 학교생활을 같이한 느낌이 들 정도였습니다. 그래도 히틀러 때문에 연극부원들끼리 더욱 똘똘 뭉친다는 얘기도 있었습니다.

어쨌든 히틀러가 연극부 부장이 된 후로는, 연극부원을 공개적으로 모집하지 않는다고 했습니다. 히틀러가 4학년 학급을 돌며 연극부원을 직접 뽑아서 방학동안 연극 연습을 시킨다는 것이었습니다. 어떤 말이 맞고 어떤 말이 틀린지는 히틀러를 직접 만나봐야 알 수 있을 것 같았습니다. 아무리 히틀러라고 해도 내 꿈을 막을 수 없었습니다.

"반드시 히틀러의 눈에 띄어서 연극부에 들어갈 거야!"

나는 두 주먹을 불끈 쥐었습니다.

'아우라'를 만나다

 아우라는 아무리 멀리 있어도 가까이 있는 것처럼 나타나는
일회적 현상이다.

— 발터 벤야민

1 가짜 엄마는 진짜처럼, 진짜 엄마는 가짜처럼

엄마랑 이모는 뭐가 그리 흥겨운지 차를 타고 산으로 가는 내내 노래를 멈추지 않았습니다. 산이 그렇게 좋은가? 그럼 두 분이서 오붓하게 다녀올 일이지 왜 자고 있는 나까지 깨워서 끌고 가?

나는 지금까지 산을 제대로 올라 본 적이 없습니다. 다리는 풀리고, 땀은 비 오듯 쏟아지고, 걷느라 주변 경관을 둘러 볼 사이도 없이 고생만 하고……. 그래서 나는 산을 타는 사람들을 이해할 수 없었습니다.

그런데 집에 온 기념으로 등산이라니. 차라리 새로 나온 미니킹을 사주지, 어떻게 하나밖에 없는 아들 심정을 이리도 모르실까? 하기야 그러니 두 분이 내 의견은 물어보지도 않고 따로 사시지. 엄마 아빠는 늘 자기 마음대로였습니다. 독재자도 이런 독재자가 있을까? 한 가정에 독재자가 둘이나 있으니 살 수가 있나. 힘없는 내가 참고 말아야지. 에휴.

독재자를 생각하니 히틀러 조용혁이 떠올랐습니다. 이상하게도 새 학기가 된 지 일주일이 지났는데 연극부 부원들을 뽑는다는 소식이 없었습니다. 학교 특활부 양대 산맥인 방송부에서는 부원들을 뽑는다는 안내문이 게시판 여기저기에 붙어 있는데 연극부는 조용혁의 이름대로 '조용' 그 자체였습니다.

뽑는 거야, 안 뽑는 거야? 정말 방학하기 전에 히틀러 혼자 4학년 반마다 돌며 부원들을 다 뽑은 걸까? 그래서 더 안 뽑는 것일까? 어떡하나, 나는 꼭 연극부에 들어가야 하는데……. 내일은 꼭 연극부에 들러서 히틀러를 만나야겠다고 다짐했습니다.

"자, 다 왔다. 뭘 그렇게 골똘히 생각하고 있는 거야?"

엄마와 이모가 차에서 내렸습니다.

"입구부터 공기가 달라. 이렇게 신선한 공기를 퍼 갈 수 있다면 얼마나 좋을까?"

엄마와 이모는 심호흡을 크게 했습니다. 나는 코를 킁킁거렸습니다. 집 안 공기나 이곳 공기나 나에게는 다를 게 없었습니다.

"나는 그냥 차에서 쉬고 있으면 안 될까?"

내가 차에서 뭉그적뭉그적 기지개를 켜며 말하자, 엄마와 이모가 세모꼴 눈으로 노려보았습니다.

"박재현, 너 6개월 동안 많이 게을러졌구나. 좋았어. 앞으로 일주일에 한 번씩 등산이다!"

이모가 차에서 나를 끌어내렸습니다. 아, 앞으로 6개월 동안 이모 등쌀을 견딜 생각을 하니 소름이 돋았습니다. 독재자, 이모. 나는 입을 씰룩거렸습니다. 엄마는 가만히 있는데 왜 유독 이모가 엄마처럼 나서는지 모르겠습니다.

"영화배우 하고 싶다며? 그렇게 하려면 체력이 필수다."

이모는 내 어깨에 배낭을 들렸습니다. 맨몸으로 산을 오르기도 힘든데 배낭까지 들라니, 이모는 정말 너무해! 그 와중에 엄마는 이젤과 캔버스를 들고 앞장섰습니다. 이모는 아무 것도 들지 않고 맨몸으로 성큼성큼 올라갔습니다. 위 아래로 빨간 등산복을 갖춰 입은 이모는 다람쥐처럼 아주 재빨랐습니다.

나는 몸이 천근만근이라 한 발짝 떼기도 너무 힘든데, 저렇게 몸이 가벼우면 자기가 짐 좀 들고 가지. 흥, 하나밖에 없는 조카를 짐꾼으로 쓰나?

"저러니 아직도 노처녀로 늙고 있지."

"뭐?"

앞장서던 이모가 휙 돌아서서 나를 째려보았습니다.

"아, 아무 말도 안 했는데?"

나는 손을 내저으며 어깨를 으쓱였습니다. 이모가 다시 돌아서서 걷기 시작했습니다. 휴. 귀는 되게 밝네.

한 시간쯤 흘렀을까? 더 이상 걸어갈 수가 없었습니다. 앞에 걸어가는 아저씨, 아줌마들의 빨강, 파랑, 초록 배낭만 보고 죽어라 걸었더니 어디까지 왔는지도 모르겠고, 과연 내가 올라가고 있는 건지도 의심스러웠습니다. 벌써 올라갔다가 내려가는 아저씨, 아줌마들이 부러울 따름이었습니다. 못 가, 못 가. 힘들어 죽겠어. 무슨 운동을 이렇게 힘들게 해? 그냥 집에서 러닝머신 10분만 죽어라 뛰면 될 것을. 에라, 모르겠다. 나는 주변에 있는 바위 위에 털썩 주저앉았습니다.

바위에 앉아서 죽어라 앞 사람 뒤만 쫓아가는 사람들 모습을 보았습니다. 하나 같이 웃는 얼굴이 없었습니다. 입을 꾹 다문 채 뭔가 비장한 각오를 한 듯 사람들이 줄을 지어 올라가고 있었습니다. 그중에는 아기를 배낭 포대기에 짊어지고 올라가는 아저씨, 아줌마도 있었습니다. 연신 땀을 찍어내며 올라가는 아기 엄마, 아빠를 보자 아기 때문에 고생하는 모습이 불쌍해 보였습니다. 우리 부모님도 나한테 산을 보여 주기 위해 나를 업고 산을 오른 적이 있었을까? 아무리 기억을 하려고 해도 기억나지 않았습니다.

그때나 지금이나 그림을 그리는 엄마와 영화를 찍는 아빠는 바빴습니다. 그래서 나는 바쁜 엄마와 아빠를 대신해서 이모와 삼촌 손에 길러졌습니다. 우리 식구는 특이하게도 아빠, 엄마, 이모, 그리고 삼촌이 다 같이 살았습니다. 유치원 들어가기 전까지는 이모와 삼촌이 엄마 아빠인 줄 알았다니까요. 그래서 그때까지 이모와 삼촌을 엄마 아빠라고 부르기도 했습니다.

유치원 다닐 때에도 행사 때마다 와준 가족들은 엄마 아빠가 아닌 이모와 삼촌이었습니다. 진짜 엄마는 가짜 엄마 같았고, 가짜 엄마인 이모는 진짜 엄마인 것만 같았습니다. 지금 생각해 보니 왜 이모가 나만 보면 엄마처럼 구는지 이제 좀 알 것 같았습니다.

2 울려라, 종소리

딩딩딩. 어디선가 종소리가 울렸습니다. 우와, 정말 좋다, 라고
하기에는 어쩐지 여운이 적었지만 정말 오랜만에 듣는 종소리였
습니다. 나는 예전에 참으로 멋진 종소리를 들은 적이 있습니다.

몇 년 전 가을, 우리 가족이 경주 여행을 갔을 때입니다. 우리는
경주 박물관에서 처음이자 마지막으로 에밀레종 소리를 들었습니
다. 우리가 박물관에 갔던 날은 운이 좋게도 1년에 한 번 에밀레
종을 타종하는 날이었습니다.

그리고 4년이 흘렀는데, 그때 내 몸을 통과하던 짜릿함과 감동이 아직도 생생합니다. 어떻게 4년이나 흘렀는데 그 감동이 여전할까. 그리고 이 감동은 언제까지 계속 될까. 어렸을 때 들었던 종소리였지만 아직도 그 소리는 내 마음 속에서 울리고 있었습니다.

그리고 박물관을 갔던 그 다음 해부터 천삼백 살의 종은 더 이상 울리지 않았습니다. 정부에서는 종을 보호하기 위해서 타종을 하지 않는 것이라고 했습니다.

하지만 내 생각은 좀 달랐습니다. 종이 종의 기능을 다하지 못하면 죽은 종이 아닐까? 울리지 않는 에밀레종은 더 이상 종이라고 볼 수 없었습니다. 종을 치던 나무 막대기도 떼어버리고 종만 덩그러니 매달려 있는 지금, 에밀레종은 말 그대로 박물관 유물이 되고 말았습니다. 이게 진정한 보호일까요?

올라가는 사람들 사이로 다시 내려오는 이모의 빨간 등산복이 눈에 띄었습니다.

"박재현! 이 게으름뱅이야! 너 거기 앉아서 뭐 해?"

이모가 거의 뛰다시피 내게로 다가왔습니다.

"보시다시피 앉아서 쉬는데."

"너 때문에 절에서 공짜 밥 얻어먹기는 다 틀렸다. 아까 종 치는 소리 들었지? 그게 절에서 점심 먹으러 오라는 소리였다고. 식량을 들고 있는 놈이 제일 먼저 도착지에 가서 기다려야지, 이 늙은 이를 이렇게 왔다 갔다 하게 해!"

"아얏!"

이모는 내 귀를 세게 잡아당겼습니다.

"빨리 올라가!"

"아야, 이 귀 좀 놔! 그래야 빨리 가지, 노처녀 이모!"

그리고 나는 냅다 위로 뛰어올라 갔습니다.

"박재현! 너 잡히면 죽는다!"

이모의 기세로 봐서는 정말 잡히면 죽을 것 같았습니다. 그래서 있는 힘을 다해 산길을 뛰었습니다. 오가는 사람들 중 몇몇 어른들은 뛰면 얼마 못 올라가 지친다며 내게 천천히 가라고 일렀습니다. 하지만 나는 이모에게 잡힐까봐 죽기 살기로 뛰었습니다.

내 발은 절 앞에서 멈췄습니다. 엄마가 어디에 있는지 알 수가 없으니 결국 이모를 기다릴 수밖에 없었습니다. 화가 난 늙은 여우 한 마리가 씩씩거리며 내 앞으로 다가왔습니다.

"내가 왜 노처녀가 됐는데? 이게 다 너 때문이잖아. 결혼도 안한 몸으로 똥 기저귀 빨고 우유 먹여 가면서 길러 놨더니 노처녀라고! 이게 어디서!"

"알았어. 미안, 미안. 노처녀 취소. 엄마! 왜 이러셔? 우리 사이에."

"뭐! 엄마! 이게 끝까지 처녀의 혼삿길을 막으려고!"

나는 이모 어깨를 연신 주물렀습니다.

"너희는 절 앞에서 뭐하는 거니? 정숙."

엄마가 절에서 나오며 앞에 놓인 안내문을 가리켰습니다.

"쉿!"

나는 윙크를 하며 검지손가락을 이모 입에 갖다 대었습니다.

엄마는 이젤과 캔버스를 들고 누각으로 갔습니다. 누각 앞에 서자 갑자기 불어온 바람 때문에 깜짝 놀랐습니다. 올라오는 동안에는 땀이 나서 덥기만 했는데 누각에 서 있으니 바람이 제법 찼습니다.

3월 첫째 주밖에 되지 않아 산에서 봄을 느끼기에는 좀 일렀습니다. 이제 막 나뭇가지에서는 새싹들이 얼굴을 내밀고 있었습니다. 기지개를 한껏 켜며 심호흡을 크게 하자 봄바람이 재빠르게 온몸으로 퍼졌습니다.

엄마는 현통사 누각 아래로 보이는 서울 전경을 스케치하기 시작했습니다. 어느 세월에 그림을 그릴꼬. 게다가 이모는 한 술 더 떠 요가 매트를 깔고 참선 자세로 앉았습니다. 초스피드, 디지털 시대에 그림과 요가라니.

나는 주머니에서 디지털 카메라를 꺼내어 이곳저곳 찍기 시작했습니다. 집에 가서 인화하면 여기서 본 모습과 같을 것을, 엄마는 왜 굳이 힘들게 그림으로 그리는 걸까? 아무리 잘 그려도 그림이 사진보다 더 실제 같지는 않은데 말이야.

이모는 참선이 끝났는지 매트를 접었습니다. 그리고 엄마가 스케치를 끝낼 때까지 정상에 올라갔다 오자고 했습니다.

"오, 노! 이모. 나 좀 살려줘. 여기도 좋은데 뭘."

"이모 말 들어. 어른 말 들어서 손해 볼 거 없다."

"독재자들."

"뭐?"

"우리 집 어른들은 다 독재자라고."

나는 이모 손에 이끌려 절에서 나와 위로, 위로 또 올라갔습니다. 이모 손에 이끌려 한참을 올라가다 한숨 돌리고 주위를 둘러보는데 여기저기서 이상한 냄새가 났습니다.

"이게 무슨 냄새야?"

나는 이모에게 물었습니다.

"무슨 냄새? 흙 냄새?"

그리고 이모는 크게 숨을 들이쉬었습니다. 흙 냄새? 이게? 나도 이모를 따라 크게 숨을 쉬었습니다. 교실에서 한참 뛰어논 후에 맡던 먼지 냄새와는 확실히 달랐습니다. 파란 호올스를 깊게 빨았을 때처럼 코와 목이 뻥 뚫린 것 같았습니다.

"공기가 아주 상쾌하지?"

이모와 나는 한 시간 동안 쉬지 않고 걸어 올라갔습니다. 눈앞에 '북악산'이라고 쓰인 비석이 보였습니다. 드디어 정상이었습니다. 내가 정상에 오르다니. 처음 있는 일이었습니다. 숨은 턱까지 차오르고 땀은 비 오듯 쏟아져 무지 힘들었습니다. 하지만 시원한 산바람을 맞고 서 있으니 올라오면서 힘들었던 것이 순식간에 바람에 싹 날아갔습니다. 사람들이 이런 기분 때문에 산을 타는 걸까요?

부드러운 바람이 나의 숨결을 타고 들어왔습니다. 연푸른 새싹들이 햇빛에 반짝이며 바람에 흔들리는 모습은 마치 살아서 스스로 움직이는 것 같았습니다. 상쾌한 공기를 가르는 새들의 노랫소리도 경쾌했습니다. 나뭇가지 사이로 떨어지는 햇살 속에는 산의 요정들이 새들의 노랫소리에 맞춰 춤이라도 추고 있을 것 같았습니다.

산은 정말 신비로웠습니다. 예전에는 산에 대해서 아무 생각이 없었는데 이렇게 올라오고 보니 '산' 자체가 숨을 쉬고 있는 거대한 생명체 덩어리 같았습니다.

중턱에서는 황사 때문에 앞이 또렷이 보이지 않았는데 황사가 제법 걷히자 현통사를 에워싼 채 끝없이 펼쳐진 산줄기가 보였습니다.

"기분이 어때?"

"마음이 뻥 뚫리는 게 아주 시원해."

모자를 벗고 바람에 땀을 말렸습니다.

"야호!"

"야호!"

여기저기서 사람들이 소리를 질렀습니다. 나와 이모도 탁 트인 허공을 향해 힘껏 소리를 질렀습니다. 여기저기를 둘러보니 사람들의 얼굴은 상기되어 있었지만 만족스런 미소를 띠고 있었습니다. 나와 이모도 마주 보며 씩 웃었습니다.

3 아우라? 아우라!

이모와 나는 절 앞에서 우리를 기다리고 있는 엄마와 함께 천천히 산에서 내려왔습니다.

"정상에 가 본 느낌이 어때?"

엄마가 물었습니다.

"대기 오염이 없어서 그런가, 중턱에서 봤을 때랑은 또 다르던데. 아주 선명해. 옆에 늘어선 산들이 무지 가까이 있는 것처럼 느껴지던 걸."

"아우라를 느꼈구나."

"아우라?"

"응. 멀리 있는 것이 가깝게 느껴지는 것을 '아우라(Aura)'라고 해."

내가 갸웃하자 엄마가 설명해 주었습니다.

"독일의 철학자 벤야민이 한 말이야. 원래 아우라는 그리스 신화에서 산들바람을 말해. 산들바람처럼 너무 빨라서 아무도 뒤쫓아 갈 수 없는 여자 이름이었어. 그걸 벤야민이 다른 의미로 말한 거야. 아우라는 보통 신비스러운 분위기로 생각하면 돼."

"신비스런 분위기라. 묘한 분위기를 말하는 거야? 그런 분위기는 언제 느끼는 건데?"

"아까 이모랑 정상에 올라갔을 때 느꼈을 것 같은데? 오늘처럼 빛, 바람, 그리고 생명의 호흡이 있는 곳에서 아우라를 만날 수 있어."

아, 그렇구나. 나는 고개를 끄덕였습니다. 봄바람이 한 차례 지나가니 산 속에 있는 나무, 풀, 흙, 새, 곤충 등 모든 생명이 함께 숨을 쉬는 것처럼 눈부시게 아름다웠습니다.

"원시 동굴에 그려져 있는 그림을 알고 있니? 벽화는 그 시대 종교적인 것을 표현하는 거야. 예를 들어 알타미라 동굴벽화에는 들소를 사냥하는 모습이 그려져 있어. 그것은 단순히 사냥 하는 모습을 표현한 게 아니야. 인간이 동물의 생명을 빼앗기는 했지만 영혼을 되돌려주려는 의식을 행한 거야. 고대인들은 소를 잡아먹기보다 인간과 함께 교류하는 생명체로 생각했거든. 그러한 고대인이 남긴 많은 벽화에는 종교 의식을 담고 있어. 모든 예술 행위는 신을 숭배하는 종교 의식에서 유래된 거거든. 예술은 원래 신을 예배하고 숭배하는 제의 기능을 가지고 있었어."

오호라, 예술이 그런 역사를 가지고 있는 줄은 몰랐습니다.

"우리는 예술 작품에서도 아우라를 느낄 수 있어. 지난 번 인상파 전시회에 갔을 때 어땠어?"

"무언가 말로 표현하기는 힘든데, 보는 순간 화려한 색들 때문에 눈이 동그래졌어."

"아우라를 느꼈다는 증거야. 우리는 아름다운 예술 작품을 볼 때에도 아우라를 체험하게 돼. 훌륭한 화가 그림에서도 지금과 같은 깊은 감동을 가질 수 있지. 모든 예술품의 진품에는 그러한 아우라가 있어. 마네, 고흐, 세잔 등의 그림에도 아우라가 있지. 아우라는 '예술 작품에서 풍기는 흉내 낼 수 없는 고고한 분위기'라고도 볼 수 있단다."

"엄마, 그럼 예전에 내가 에밀레종 소리를 듣고 느꼈던 것도 아우라라고 할 수 있어?"

"그럼. 그때 종소리를 아직도 기억하니?"

어떻게 잊을까. 천삼백 살 먹은 거대한 종이 한 말을 어떻게 잊을까. 그리고 엄마 아빠랑 갔던 마지막 여행이었는데 말입니다. 나는 엄마를 보았습니다. 엄마 얼굴에 미소가 번졌습니다. 엄마도 그때를 생각한 모양이었습니다.

"그런데 요즘은 아우라가 점점 사라지고 있어서 정말 안타까울 뿐이지."

이모가 내게서 배낭을 받아들며 말했습니다.

"왜?"

"과학기술이 발전하면서 복제 방법이 늘어났잖아. 복제된 가짜 예술 작품에는 아우라가 없거든."

가짜 예술품이라. 박물관 옆에 즐비하게 서 있던 기념품 가게들이 떠올랐습니다. 진열대 위에 늘어서 있던 무수히 많은 가짜들.

"예술 작품은 인간이 접근할 수 없는 분위기를 풍기거든. 벤야민은 아우라를 '유일하고도 아주 먼 것이 아주 가까운 것으로 나타날 수 있는 일회적인 현상'이라고 했어. 쉽게 말해서 멀리 있는 것이 내 피부처럼 가깝게 느껴지는 것이지."

이모가 말했습니다.

"원본이 존재하지 않는 예술품은 아우라가 사라지게 돼."

"어떻게?"

"연주회를 가는 대신 연주를 녹음한 CD로 듣고, 극장에 가는 대신 DVD를 집에서 보면서 아우라는 점점 퇴색하게 되었지. 생각해 봐. 만약 에밀레종 소리를 녹음기로 들었다면 지금까지 그 여운이 남아 있겠니?"

"당연히 없겠지. 그걸 어떻게 비교해. 말도 안 되지."

엄마와 이모가 미소를 지었습니다.

"처음 복제는 카메라가 등장하면서 시작되었지. 사진은 사실을 있는 그대로 그려내는 특징 때문에 법정에서는 증거로 채택되기도 했어. 그러나 벤야민이 보기에 사진은 실제와 달랐지. 멋있게 느꼈던 풍경을 카메라에 담아 사진을 뽑아 보면 그 느낌이 다르거든."

"삼촌이 쓰는 비싼 디지털 카메라로 찍어도 그럴까?"

"아무리 좋은 사진기로 찍어도 실제 모습 느낌을 그대로 담을 수는 없지."

이모가 말했습니다. 삼촌이 들으면 서운해 할 것 같았습니다. 삼촌이 찍은 풍경 사진들 중에도 멋진 게 꽤 많았거든요. 나는 걸어 내려오면서 멋지다고 생각되는 나무나 풍경들을 디지털 카메라에 담았습니다. 인화해 보면 아우라가 무엇인지 확실히 알겠지.

우리는 차에 타기 전에 먼 산을 바라보았습니다. 가까워 보였던 산이 다시 제자리로 가 있었습니다. 나는 종소리에 이어 산에서 만났던 또 한 번의 아우라를 잊지 못할 것 같았습니다. 우리는 산 위로 펼쳐지는 아름다운 노을을 뒤로 하고 차에 올랐습니다.

아우라란?

'아우라(Aura)' 란 이름은 본래 그리스 신화에서, 산들바람처럼 너무나 빨라 아무도 뒤쫓아 갈 수 없는 여자의 이름이었는데 벤야민은 이를 다른 의미로 사용했습니다. 보통 신비스러운 분위기로 해석되는 아우라는 "유일하고도 아주 먼 것이 아주 가까운 것으로 나타날 수 있는 일회적(한 번뿐)인 현상"입니다.

우리는 어디서 아우라를 느끼게 될까요?

첫째는 자연의 아름다움에서입니다. 빛과 바람이 어우러지는 곳에서 우리는 신비스러운 아우라를 체험하게 됩니다.

둘째는 예술 작품을 보면서입니다. 최초 예술 작품은 종교적인 의식에 사용되었습니다. 유대인이었던 벤야민은 아우라를 종교적 의식 가치(Kultwert)와 관련지어 이야기했습니다. 종교 의식에 기원을 둔 예술 작품에는 접근할 수 없는 어떤 분위기가 있습니다. 멀리 있는 것이 가깝게 느껴지는 아우라는 무척 신비로운 현상입니다. 하지만 오늘날에 이르러 점차 예술 작품은 작품 자체가 가지는 '종교 의식적 가치(Kultwert)' 보다 사람들이 보고 감상하기 위한 '전시 가치(Ausstellungwert)'를 띠게 되었습니다.

  예술 작품 원본은 이 세상에 하나밖에 없는 작품입니다. 그렇기 때문에 '예술 작품에서 풍기는, 아무도 흉내 낼 수 없는 고고한 분위기'인 아우라가 나타납니다.
  하지만 아우라가 점점 사라져 가는 이유는 과학기술이 발전하면서 복제 방법이 다양해지기 때문입니다. 연주회 대신 녹음한 CD를 듣고, 극장에 가는 대신 DVD를 집에서 볼 수 있게 되면서 아우라는 점점 사라졌습니다. 즉, 복제 기술이 발전하면서 짝퉁이 생겨나게 된 것입니다. 그러한 가짜 작품에는 아우라가 없습니다. 멀리 있으면서 한 순간 가까이 느껴지는 것이 아우라라면, 복제된 작품은 늘 우리 주변 가까이 있는 것입니다.

오늘날은 예술 작품을 감상하는 방식과 의미 자체가 이전과 달라졌습니다. 신과 종교, 자연의 신비로운 분위기를 체험하는 것이 이전의 예술 감상이었다면, 대량으로 만들어져 많은 사람이 접할 수 있는 상품을 보고 즐기는 것이 오늘날의 예술 감상입니다.

사진과 예술 복제

 예술 작품을 기술적으로 복제하는 것이 가능한 시대에서 예술
작품의 아우라는 위축된다.

— 발터 벤야민

1 이상한 연극부

6학년 3반. 히틀러 조용혁이 있는 곳이었습니다.

"조용혁! 누가 너 찾아왔어."

다른 형이 히틀러를 불러주었습니다. 히틀러가 자리에서 일어나 복도로 나왔습니다. 깡마른 체구에 키는 나보다 겨우 한 뼘 정도 컸습니다. 가까이에서 보니 전혀 무섭게 생기지도, 카리스마가 느껴지지도 않았습니다. 왜 이 형을 히틀러라고 부르는지 모르겠습니다. 아무튼 히틀러는 그냥 평범 그 자체였습니다.

"뭐냐?"

나는 히틀러 목소리를 듣고 깜짝 놀랐습니다. 초등학생 느낌이 나지 않았습니다. 변성기를 지내고 나는 목소리 같지는 않았습니다.

용혁이 형이 나를 뚫어지게 쳐다보고 있어서, 연극부에 들고 싶다는 말이 입 밖으로 나오지를 않았습니다.

"불렀으면 말을 해야 할 거 아니야."

용혁이 형 목소리를 듣고 있으니 같은 초등학생이 아닌 선생님 앞에 서 있는 것 같았습니다. 용혁이 형은 내가 아무 말도 하지 않자 나를 한번 쓱 쳐다보고는 다시 자기 자리로 돌아가려고 했습니다. 안 돼! 내가 여기 왜 왔는데! 내 꿈을 향한 첫발을 디뎌야 하잖아. 박재현! 빨리 말을 해. 이대로 돌아가면 바보가 돼!

"저기, 형!"

히틀러가 돌아섰습니다.

"왜?"

"연극부 부원은 언제 뽑아요?"

히틀러가 나를 위 아래로 훑어보았습니다. 뭐야, 저 표정은. 기분이 나빴습니다. 히틀러 표정은 마치 '왜? 너도 연극하게?' 라고

묻는 것 같았습니다. 왜? 내가 어때서? 히틀러가 팔짱을 낀 채 내 눈을 보았습니다. 나의 어깨가 움츠러들었습니다.

"오늘 방과 후에 강당으로 와."

히틀러가 교실로 들어갔습니다. 갑자기 연극이 하기 싫어졌습니다. 자기가 부장이면 부장이지 벌써부터 나를 부원 취급해? 어디 두고 보라고. 내가 얼마나 연기에 소질이 있는지 보여주겠어! 나는 수업이 빨리 끝나기를 기다렸습니다.

수업이 끝나고 강당으로 달려갔습니다. 강당에는 이미 다른 애들이 있었습니다. 그리고 무엇인가를 열심히 만들고 있었습니다. 벌써 연극제를 준비하는 건가? 연극제는 10월에 있는데 지금은 3월이잖아. 이렇게 빨리 준비해? 나는 연극부의 준비성에 놀랐습니다.

"너는 누구니?"

한 누나가 물었습니다.

"용혁이 형이 오늘 강당으로 오라고 했는데요."

"조용혁! 누가 너 찾아왔어."

히틀러는 바쁘게 뭔가를 만들며 얼굴도 쳐다보지 않은 채 손짓으로 들어오라고 했습니다. 나는 나도 모르게 자동적으로 히틀러 앞으로 달려갔습니다.

"연극부에 들어오고 싶어?"

히틀러가 물었습니다.

"네! 시켜만 주시면 열심히 하겠습니다!"

내 목소리가 강당에 처렁처렁 울렸습니다. 순간 그곳에 있는 아이들이 일을 멈추고 나를 보며 키득거렸습니다. 뭐야, 왜 갑자기 이런 말이 나오는 거야? 처음부터 약한 모습을 보이다니…… 망했습니다. 쥐구멍이라도 들어가고 싶었지만 이미 늦었습니다.

"열심히 해라."

히틀러가 말했습니다.

"네?"

"열심히 한다며? 열심히 하라고."

나는 눈이 동그래졌습니다. 이게 뭐야. 연극부는 사람을 이렇게 뽑는 거야? 나의 연기력을 보여줘야 하는데 이건 너무 시시하잖아. 이건 공평하지 않아. 나도 정정당당하게 내 실력으로 들어가겠어!

"네! 감사합니다. 열심히 하겠습니다."

하지만 나는 내 생각과는 너무나 다른 말을 하고 말았습니다. 그리고 고개를 푹 숙였습니다. 박재현, 너한테 정말 실망이다.

"뭐야? 부원은 다 뽑았는데. 우리랑 상의도 하지 않고 또 뽑는 거야?"

한 누나가 말했습니다. 내가 그 누나의 눈치를 살피며 쭈뼛하자 히틀러가 퉁명스레 대꾸했습니다.

"어차피 일하려면 인원이 더 필요하잖아. 한 명쯤 더 있다고 나쁠 거 있나?"

그러고서는 히틀러가 나에게 윙크를 했습니다. 나는 깜짝 놀랐습니다. 저 행동은 뭐야? 나를 예쁘게 봐준다는 뜻인가?

"너, 텔미 춤출 줄 알아?"

히틀러가 물었습니다.

"네?"

"텔미 춤 몰라? 이렇게 하는 거."

다른 형이 어깨를 좌우로 흔들었습니다. 나는 고개를 끄덕였습니다.

"그럼 쟤네들이랑 같이 텔미 춤 연습해. 알았지?"

나는 히틀러가 가리킨 곳을 보았습니다. 그곳에서는 다른 애들이 원더걸스의 텔미 춤을 연습하고 있었습니다. 뭐야, 내가 지금 춤을 추러 연극부에 들어온 줄 아나? 우씨~ 하지만 나의 발은 이미 춤을 추는 곳으로 향했습니다. 왜 이렇게 히틀러 앞에서 주눅이 드는 거지? 평범하기 짝이 없는 형인데. 정말 알 수 없었습니다. 춤추는 인원은 나까지 다섯 명이었습니다. 독수리 오형제도 아니고…….

　모두 5학년이라는데 전부 처음 보는 얼굴이었습니다. 애들도 나처럼 연극하러 온 거지, 춤추러 온 건 아닐 텐데. 우리는 녹음기도 없이 직접 노래를 부르며 텔미 춤을 추었습니다.

　"안녕, 난 박재현이야. 궁금해서 그러는데, 연극제 준비를 왜 지금부터 하는 거야?"

　나는 춤을 추며 다른 아이한테 조용히 물었습니다.

　"나는 성웅이야. 연극제? 10월에 있는 연극제를 왜 지금부터 연습하냐?"

　"그럼 지금 왜 춤 연습을 하는 거야?"

　"선거 준비하는 거잖아."

　"선거라고?"

　나는 고개를 갸웃하며 되물었습니다.

2 '최고의 아들' 상

"이렇게 답답해서야. 히틀러 학생회장 선거준비."

성웅이가 조용히 말했습니다. 나는 히틀러를 흘끔 보았습니다. 학생회장? 아니 자기가 학생회장 되는데 왜 연극부원들이 다 나서서 난리야? 나는 이해할 수 없었습니다. 하지만 내 몸은 내 생각과 달리 계속 춤을 추었습니다. 나는 춤을 추며 다시 히틀러를 보았습니다.

히틀러는 무대 위에 걸터앉아 팔짱을 낀 채 우리를 지켜보고 있었습니다. 순간 히틀러 눈에서 빛이 났습니다. 나는 대뜸 무서워졌습니다. 영화 촬영하는 아빠와 정말 다른 느낌이었지만, 분명 히틀러 눈에서도 빛이 났습니다. 나는 얼른 고개를 돌렸습니다. 히틀러가 보고 있다고 생각하니 춤을 멈출 수가 없었습니다. 저게 히틀러의 카리스마인가? 주위를 둘러보니 진짜 6학년 누나와 형들은 게시판에 붙일 전지에 뭔가를 빼곡히 쓰고 있었습니다.

　내가 미쳤지. 애들 앞에서 텔미 춤을 춰야 한다니. 집으로 돌아오는 내내 생각을 했습니다. 무언가 아니다 싶었지만 달리 벗어날 방도가 없었습니다. 부원 전체가 학생회장 선거 일을 하고 있는데 오늘 들어간 내가 무슨 수로 '이건 아닙니다!'라고 외치겠습니까. 나는 고개를 절레절레 흔들었습니다.

　에잇! 발에 걸린 돌멩이를 힘껏 찼습니다. 돌멩이는 슝 날아가 우리 집 앞에 세워진 차 지붕에 톡 떨어졌습니다. 나는 얼른 차 앞으로 달려가 보았습니다. 차에 흠집 났으면 어쩌지?

　이런……. 돌멩이는 차 지붕 한 가운데에 떨어져 있었습니다. 지붕 가운데가 살짝, 아주 살짝 들어간 것처럼 보였습니다. 하지만 얼핏 보면 아무 이상 없는 것도 같았습니다. 몰라, 몰라. 주변을 살펴보니 아무도 없었습니다. 나는 얼른 우리 집 초인종을 눌렀습니다. 그리고 대문이 열리자 후다닥 뛰어 들어왔습니다.

"박재현!"

"어? 삼촌! 삼초오오온~!"

삼촌과 나는 힘껏 안았습니다. 삼촌은 사진을 찍기 위해 세계 여러 나라 알려지지 않은 곳을 찾아다니다가 1년 만에야 돌아와 있었습니다.

"야, 떨어져라. 떨어져. 눈물 나서 못 봐 주겠다."

마침 집에 있던 이모가 빈정거렸습니다.

이모와 삼촌은 초등학교 때부터 쭉 같은 학교를 다닌 소꿉친구입니다. 사진작가가 된 삼촌과 연극배우가 된 이모가 각각 형과 언니를 소개팅 해 줬는데, 그 형과 언니가 결혼을 해서 낳은 아이가 바로 나였습니다.

비록 지금은 엄마와 아빠가 별거 중이라 다 같이 함께 지내는 시간이 없지만, 내가 초등학교 입학하기 전까지는 엄마, 아빠, 이모, 삼촌 다 같이 한 집에서 함께 살았습니다. 그때는 진짜 집에 사람이 북적북적했는데……. 서로 다툼도 잦아 시끄럽기도 했지만 지금보다 훨씬 재미있었습니다. 문득 옛날 생각이 나니 그때로 돌아가고 싶었습니다.

"삼촌, 언제 왔어?"

"어제 늦게. 나 없는 동안 박재현은 착한 어린이로 있었나?"

"당연하지. 나는 늘 어른들의 보호자로 책임을 다하고 있었지."

그리고 나는 고개를 크게 끄덕였습니다.

"좋았어! 상을 줘야겠네."

삼촌은 가방에서 어른 손바닥만 한 크기의 트로피를 꺼냈습니다. 트로피는 금빛 사람 모형이었습니다.

"어? 아카데미 트로피 아니야? 이야~ 정말 귀엽다. 이렇게 작게도 만들어? 크기만 다르지 진짜하고 똑같네. 어머, '최고의 아들'이라고 새겨져 있네."

"어디, 어디?"

나는 이모에게서 트로피를 뺏어들고 이름 란을 보았습니다. 거기에 영어로 '최고의 아들'이라고 쓰여 있었습니다. 나는 씩 웃었습니다.

"이런 트로피는 어디서 난 거야?"

"미국의 할리우드 가면 쫙 깔렸어. 이 트로피는 아카데미 시상식 때 주는 트로피의 모형이야. 오지 탐험을 끝내고서 큰 사진전 때문에 할리우드에서 들렀다가 재현이 주려고 산 거지."

"어머, 어쩜 이렇게 진짜하고 똑같을까?"

나는 트로피를 높이 들어보았습니다. 이모가 진짜랑 똑같다고 하니 진짜 상을 받은 것처럼 기분이 좋았습니다. '최고의 아들' 상. 제목도 마음에 들었습니다.

"삼촌, 내가 어제 산에 가서 찍은 사진 보여줄게."

나는 사진작가인 삼촌을 데리고 방으로 들어갔습니다.

"우와, 재현이 사진 찍는 실력이 날로 발전하는데?"

삼촌이 컴퓨터 모니터에 뜬 내 사진을 보며 말했습니다. 나는 어깨를 으쓱했습니다.

"그런데 집에서 인화지로 뽑아 봤는데 어제 산에서 봤을 때랑 느낌이 달랐어."

확실히 어제 보았던 산의 웅장함이나 신비로운 분위기는 종이에 없었습니다.

"프린트 상태가 나빠서 그런가?"

"쟤가 내 말을 안 들어요. 사진은 실제랑 느낌이 다르다니까."

이모가 언제 내 방에 들어왔는지 우리 뒤에서 말했습니다.

"사진은 사물 크기도 훨씬 작고 거리감이 없어. 어제 정상에서 앞산을 봤을 땐 이런 느낌이 아니었는데. 뭔가 부족한 것 같아."

"복제할 수 없는 게 바로 아우라라니까. 책을 복사하고 또 복사하면 점점 더 흐려지듯이 예술 작품도 복제를 하면 원래의 아름다운 분위기가 없어져."

나는 삼촌에게 말한 건데, 이모가 과일 접시를 책상에 내려놓으며 까칠한 말투로 이야기했습니다.

"초기 사진은 기술 복제이긴 했지만 대량 복제는 아니었어. 그래서 아우라가 있었지만."

이모가 사과 하나를 입에 넣으며 말했습니다.

"지금 시대엔 사진도 엄연히 예술의 한 장르야."

삼촌이 내가 찍은 사진들을 보며 말했습니다.

3 복제 시대

"복제가 많이 될수록 아우라가 사라지는 건 맞잖아. 그건 너도 인정하잖아."

이모가 말했습니다. 이모와 삼촌은 만날 때마다 싸웠습니다. 꼭 개와 고양이처럼 아옹다옹 거렸습니다. 나는 넌더리를 내며 이모를 방에서 내보냈습니다.

"흥, 치사한 것들."

이모가 나가자 삼촌은 신이 나서 내게 이야기했습니다.

"이모 말처럼 예술품이 대량으로 생산되면 거기에는 아우라가 점점 희미해지지. 대량 생산된 것은 예술품이라기보다는 팔기 위한 상품일 뿐이야."

삼촌은 내가 찍은 산 풍경을 컴퓨터 바탕화면에 깔았습니다. 화면 가득 산이 들어차자 손바닥만 한 종이 속 산보다 훨씬 멋졌습니다. 하지만 확실히 어제 내가 봤던 산과는 달랐습니다.

"세상에 하나뿐인 예술품이라고 해도 복제 기술이 불가능한 건 없어. 그림은 사진으로 싼 값에 팔리고 한 번밖에 없는 공연도 CD나 동영상으로 만들 수 있잖아. 이제는 음악도 MP3 파일로 만들어서 언제나 컴퓨터로 들을 수 있어. 이렇게 기술 복제가 가능해지면서 예술의 진짜 가치가 사라진 것은 사실이야."

삼촌이 컴퓨터로 MP3로 원더걸스의 '텔미'를 틀며 말했습니다. 내 몸이 자동으로 어깨춤을 추려고 움찔했습니다. 왜 하필 저 노래야? 하지만 삼촌은 내 어색한 몸짓 따위는 아랑곳하지 않고 계속 말했습니다.

"복제가 불가능하다면 우리가 어떻게 문화생활을 누릴 수 있겠니? 만약 유명한 미국 가수 노래를 듣고 싶다면 비행기를 타고 지구 반대편으로 가서 그 가수의 공연을 봐야 해. 노래 한 곡 듣자고 어마어마하게 비싼 값을 치러야 하는 거지."

나는 책상 위에 있는 가수들 CD를 보았습니다. 정말 CD나 MP3가 없었으면 어쩔 뻔했어? 돈 없는 어린이가 매번 공연장을 찾아다닐 수도 없고.

"복제 기능 때문에 예술의 숭고한 가치는 사라졌지만, 일부 귀족들만이 누릴 수 있었던 예술 문화가 우리 같은 서민들도 즐길 수 있는 대중 문화가 될 수 있었지."

"맞아. 예술가한테는 미안한 말이지만 나 같이 돈 없는 어린이는 복제 기술이 얼마나 고마운지 몰라. 물론 이것저것 다 복제하면 문제가 생기겠지만."

"너희 이모도 짝퉁 여왕이지?"

"짝퉁 여왕?"

"그럼 너희 이모가 하고 다니는 액세서리나 옷, 신발 등이 전부 명품인 줄 알았어?"

나는 어른들이 즐겨 사용하는 명품이 어떤 것들인지 자세히는 몰랐습니다. 하지만 우리 이모가 입고 다니는 옷이 싼 축은 아니라고 알고 있었습니다. 이모는 멋쟁이 중에 멋쟁이였습니다. 아, 그런데 그게 짝퉁이었구나.

삼촌이 말하는 짝퉁은 사실 이모만 갖고 있는 게 아니었습니다. 내가 쓰고 있는 물건 중에서도 유명 메이커를 따라한 것이 있었습니다. 바로 '임마'였습니다. 임마는 '퓨마'를 따라한 상표인데 이름이 재미있어서 친구들하고 같이 티셔츠를 사서 여름내 입고 다녔습니다.

"가난한 연극인이 어디서 돈이 생겨서 명품으로 휘감고 다니겠냐? 너희 이모 물건을 잘 봐. 아마 '구라다(9RADA)', '빈곤', '포로(Poro)'로 찍힌 물건들이 있을 거다."

삼촌은 웃으면서 말했습니다.

"하하하하. 구라다? 빈곤? 포로?"

나도 삼촌을 따라 웃었습니다.

"삼촌도 오랜만에 왔는데 나가서 밥 먹자."

엄마가 방문을 똑똑 두드리며 들어와 말했습니다.

엄마, 이모, 삼촌, 나, 우리 넷은 밖으로 나왔습니다. 그런데 삼촌이 아까 내가 돌멩이를 날렸던 차를 타는 것이었습니다. 엥? 삼촌 차였어? 그나마 다른 사람 차가 아니라서 다행이었습니다.

"어? 누가 내 차에 돌멩이를 던졌어! 지붕이 들어갔잖아."

삼촌이 돌멩이를 치우고 지붕을 살폈습니다.

"들어가긴 뭐가 들어갔냐? 표도 안 난다. 그러게 똥차 좀 빨리빨리 폐차시키지. 동네 애들도 똥차라고 무시하는 거 아니야?"

이모가 빈정거리면서 차에 먼저 탔습니다. 나도 삼촌 눈치를 살피다 얼른 이모를 따라 탔습니다.

"그런데 이모 구라다, 빈곤, 포로? 그게 다 뭐야?"

이모는 무슨 말인지 모르겠다는 표정으로 나를 보았습니다.

"구라다는 프라다, 빈곤은 빈폴, 포로는 폴로. 너는 돈이 없어서 구라다, 빈곤, 포로를 들고 다닐 거라고 했지."

삼촌의 반격이 시작되었습니다.

"뭐라고! 날 뭘로 보고. 짝퉁은 취급 안 한다. 그런 말은 들도 보도 못했다."

이모 입이 뾰로퉁하게 나왔습니다. 이모가 씩씩거릴 때마다, 이모 왼쪽 가슴에 선명하게 박힌 자전거 탄 아저씨가 같이 씩씩거렸습니다. 진품을 놀렸다고 화를 내는 것 같았습니다.

음식점까지 가는 내내 이모는 삼촌을 '사진장이'라고 놀렸고 삼촌은 이모를 '짝퉁'이라고 놀렸습니다. 둘의 말다툼은 정말 유치해서 못 들어줄 정도였습니다. 혹시 이모랑 삼촌이랑 좋아하나?

그래서 들킬까 봐 일부러 더 저러는 거 아니야? 나는 이모와 삼촌을 번갈아 쳐다보았습니다.

"너희는 어떻게 보기만 하면 싸우니? 혹시 너희들 사귀니?"

우와, 엄마도 나랑 똑같은 생각을 하다니. 나는 씩 웃으며 엄마를 보았습니다.

"뭐라고!"

"뭐야!"

이모와 삼촌은 눈을 똑같이 동그랗게 뜨며 동시에 소리를 버럭 질렀습니다. 나는 눈을 게슴츠레 뜨고 둘을 다시 번갈아 보았습니다. 그렇지, 그렇지. 수상해, 수상해.

"아니면 아니지, 왜 이렇게 호들갑이야? 그러니까 더 의심스럽다. 다 왔어. 내리기나 해."

맞아, 맞아. 나는 엄마 말에 고개를 끄덕이며 차에서 내렸습니다.

4 고흐의 '해바라기' 앨범

우리는 중국 자금성에서 이름을 따온 중국 음식점 '자금성'으로 들어갔습니다. 자금성 종업원 누나, 형들은 모두 중국 전통 의상인 치파오를 입고 있었습니다. 인상적인 건 벽마다 중국의 전통 악기들이 걸려있는 것이었습니다.

"조그만 통에 기둥을 세우고 두 줄을 활로 연주하는 건 '얼후'라고 해. 지금 경극 음악을 담당하고 있는 아저씨가 얼후를 연주하고 있네. 얼후 오른쪽에 있는 배 모양의 4줄 악기는 '비파.' 얼후

왼쪽으로 마름모꼴 상자에 철사 줄을 올려놓은 건 '양친'."

중국 전통 악기에 관한 사진을 찍었던 삼촌은 벽에 걸린 악기들에 대해 직접 설명 해 주었습니다. 각 테이블마다 중국 전통 의상을 입은 작은 인형들이 놓여 있었습니다. 구석마다 있는 중국 도자기며, 황제를 그린 듯한 벽화와 중국 미인도들을 보고 있자니 중국을 알리는 작은 박물관에 와 있는 듯했습니다. 이곳을 한번 왔던 사람은 실내 장식 때문에 마치 자신이 직접 중국을 갔다 왔다는 착각을 할 것 같았습니다.

식당 한쪽에 마련된 무대에서는 중국 경극이 한창이었습니다. 쨍쨍 치는 중국 징과 알아듣지도 못하는 중국어로 식당 안이 시끄러웠습니다. 진짜 중국말인지는 몰라도, 무대 장치나 의상 같은 것들은 텔레비전에서 봤던 것과 똑같았습니다.

"저 사람들 진짜야?"

엄마는 경극 배우들이 진짜 중국 경극 배우들이라고 했습니다.

"진짜가 가짜 같고, 가짜가 진짜 같은 세상에, 식당에서 진짜 중국 배우라고 하니까 그런가보다 하고 말지. 혹시 알아? 무대 뒤편에서 우리말을 할지?"

이모가 의심스런 눈초리로 무대를 바라보며 이야기했습니다. 그

말을 듣고 보니 그럴 것도 같았습니다. 나는 식당 안을 쭉 훑어보았습니다. 이곳에 있는 사람 몇이나 중국말을 할까? 얼굴을 보아하니 한 사람도 못할 것 같았습니다. 무대 뒤편으로 가서 배우들이 진짜 어떤 말을 쓰는지 확인해 보고 싶었습니다. 나는 자리에서 일어났습니다.

"어디 가니?"

엄마가 물었습니다.

"화장실."

"나도 같이 가."

이모가 따라 일어났습니다.

"이모도 남자 화장실 가게?"

이모가 나를 째려보았습니다. 그리고 내 머리에 알밤을 주었습니다. 빨리 결혼이나 하지. 하나 밖에 없는 조카 머리나 때리고.

"짤요 차이 딴(여기 메뉴 있어요)."

"쎄쎄(감사합니다)."

어? 진짜 중국말을 하는 사람이 있네. 우리 옆 테이블에 앉아 있는 아저씨들이 중국어로 이야기를 하고 있었습니다. 뭐라고 하는지는 모르겠지만 그런 것 같았습니다.

"그런데 저 사람들 테이블 위에 있던 앨범 표지, 고흐의 해바라기 아니니?"

이모가 물었습니다.

"앨범? 앨범이 있어?"

"눈은 뒀다 뭐에 쓰니? 이렇게 관찰력이 없어서……. 그러니까 네가 공부를 못하는 거야."

그리고 이모는 화장실로 들어갔습니다. 나는 화장실을 나오면서 우리 옆 테이블을 보았습니다. 이모 말대로 고흐의 해바라기 앨범이 테이블 위에 있었습니다.

나는 우리 테이블로 가다 그만 발을 헛디뎌서 넘어질 뻔했습니다. 그때 옆 테이블 쪽으로 체중이 실려 모서리 부분을 잽싸게 잡다가 테이블 위에 있던 앨범을 떨어뜨리고 말았습니다.

"죄송합니다."

얼른 앨범을 줍는데 앨범이 그만 펼쳐져 버렸습니다. 그 안엔 선글라스며 메이커 옷, 신발 등 온갖 명품 사진들과 가격이 빽빽이 들어차 있었습니다. 아저씨는 냉큼 앨범을 빼앗아 들고는 덮어 버렸습니다. 하지만 이미 내 눈에 확 들어와 박힌 문구가 있었습니다. '밀수입 보장. 정품 가격의 50% 파격가.' 아니, 그럼 진짜 명품이 아니라는 말인가? 나는 일단 모른 척했습니다.

"괜찮다. 다친 곳은 없니?"

어라? 한국 사람이었잖아. 아저씨를 다시 보았지만 중국 사람인지 한국 사람인지 분간이 가지를 않았습니다. 나는 우리 테이블로 돌아와서 자리에 앉았습니다. 옆 테이블 아저씨들은 식사를 하는 내내 앨범을 뒤적이며 중국말로 대화를 했습니다.

"재현아, 예의 없이 자꾸 쳐다보지 마."

엄마가 나를 보며 나무랐습니다.

"이모, 아까 그 앨범 좀 이상해."

"왜? 뭐가 이상해? 저 앨범 속에 뭐가 있는데?"

삼촌이 나를 보며 물었습니다.

"명품들 사진."

내가 삼촌을 보며 대답했습니다.

"그럼 명품들과 관련된 사업을 하는 거 아닐까?"

삼촌이 옆 테이블 아저씨들을 슬쩍 보았습니다. 하긴 무엇을 하든 내가 무슨 상관인가. 나는 탕수육 고기를 소스에 듬뿍 묻혀 입으로 쏙 넣었습니다. 새콤달콤한 소스의 맛이 입 안 가득 퍼지자 해바라기 앨범 생각 따위는 싹 사라졌습니다.

"혹시……."

삼촌이 입을 닦으며 이모와 나를 보았습니다.

"혹시 뭐?"

이모와 나는 아무렇지도 않게 대꾸하며 삼촌을 보았습니다.

"짝퉁 사업하는 거 아닐까? 그래서 명품 핸드백이나 가방, 신발 같은 것들 이야기하는 거 아닐까?"

나는 삼촌의 말에 가슴이 뜨끔했습니다. 삼촌은 역시 눈치가 빨랐습니다. 삼촌한테 내가 보았던 문구를 말해 볼까? 그때 이모가 피식 웃었습니다. 그리고 어이가 없다는 듯이 삼촌을 뚫어지게 보았습니다.

"누가 그 형에 그 동생 아니랄까 봐. 영화를 너무 본 거 아니야? 그런 비밀스런 사업을 대낮에 많은 사람들 앞에서, 그것도 저렇게 아무렇지도 않게 사진을 드러내 놓고 이야기하겠냐? 말이 되는 소리를 해라."

"그렇지? 나도 그렇게 생각했어."

삼촌이 어깨를 으쓱이며 자장면을 돌돌 말아 입으로 넣었습니다. 나는 삼촌 말에 아저씨들을 다시 보았습니다. 이따금씩 목젖이 보일 정도로 크게 웃으면서 대화를 하는 아저씨들을 보자 나

역시 잠시 의심을 했던 마음이 일순간에 사라졌습니다. 아무도 모르게 조용히 해도 모자랄 사업을, 시끄럽게 떠들면서 남들의 시선을 받아가면서 해? 영 그런 분위기는 아니었습니다.

5 멀고도 가까운 예술

"요즘 같은 시대에 못 만드는 것이 있을까? 유전자 복제까지 하는 세상이니 못 하는 게 없을 거야."

삼촌은 또 자장면을 돌돌 말아 입에 넣으면서 말했습니다.

"하긴 고흐의 '해바라기'만 해도 그래. 예전 같았으면 미술관에서나 볼 수 있었는데 어디 앨범 겉표지로 본다는 걸 상상이나 했겠어?"

이모가 말했습니다. 나는 옆 테이블 위에 놓인 해바라기 앨범을

보았습니다. 앨범 겉표지가 된 해바라기는 예술 작품이라는 느낌이 전혀 없었습니다.

"세상 많이 좋아졌지. 현대가 아니면 어디 우리 같은 일반인이 예술품을 보고 살 수가 있겠어."

이모가 말했습니다.

"맞아. 우리 같은 서민들이 감히 유명 화가 예술 작품을 코앞에서 감상할 수 있다니."

삼촌은 피식 웃었습니다. 나는 이모와 삼촌이 하는 말을 이해하지 못했습니다.

"우리 같은 서민이라니? 서민은 예술 작품을 감상 못해?"

"예술은 원래 고급 문화였어. 그래서 예술 작품과 공연은 귀족들만 누릴 수 있었어. 하지만 예술 작품들이 복제되어 퍼트려지면서 대중들이 접하게 됐지."

엄마가 말했습니다.

"대중들은 '멀리 있으면서 근접할 수 없는 아우라'를 자신에게 가까이 끌어오고 싶어 했지. 쉽게 말하면 신비스러운 감동을 주는 풍경이나 예술 작품을 방 안에 두고 싶어 했어. 그래서 진품 대신 사진과 엽서를 구입해서 집에 붙여 놓게 된 거야."

삼촌은 짝퉁 사업에 관해 얘기할 때와는 달리 무척 진지하게 말했습니다.

"이제는 모나리자를 프랑스 루브르박물관에 가지 않아도 집에서 사진 한 장으로 볼 수 있어. 복제를 통해 누구나 갖고 싶은 물건을 가질 수 있지. 하지만 아무리 복제 기술이 발달을 했다고 해도 진품에서 느낄 수 있는 감동은 없지."

"그럼 복제가 무조건 나쁜 거야?"

"따지고 보면 복제가 무조건 나쁜 건 아니야. 학생들은 복제품들을 통해 공부를 할 수 있고, 예술가들은 복제품을 통해 자신 작품을 더 널리 알릴 수도 있고, 또 어떤 사람들은 그것을 상품화시켜 돈을 벌기도 하잖아. 이 식당을 봐. 장식품 중에 진품이 몇 개나 있을까? 아니, 있기는 할까?"

삼촌 말을 듣고 식당 안을 살펴보았습니다. 봐도 진짜인지 가짜인지 알 수는 없었지만, 어쨌든 식당 주인은 중국 문화를 보여 주기 위해 많은 애를 쓴 게 분명했습니다.

"예술 작품은 이제 인쇄와 복제를 통해 상품화되면서 그 전에는 접근할 수 없었던 예술품으로서의 권위를 잃었어."

"예술 작품에 권위 같은 게 있었어?"

삼촌 말을 듣고 있자니 예술이라는 것이 꽤 멀게 느껴졌습니다. 나 같은 아이는 오르지 못할, 우러러 봐야 하는 경지 같았습니다. 그런데 나는 지금까지 예술을 그렇게 멀게 생각하지 않고 있었습니다.

"최초 예술 작품은 종교적인 의식에 사용되었어. 그런데 이제는 작품 자체가 가지는 '종교 의식적인 가치' 보다 사람들에게 보여 주기 위한 의미가 더 커. 이러한 변화를 '전시 가치' 라고 해. 다시 말해 예술 작품은 신적인 것, 즉 종교와 관련되지 않고 그냥 보고 즐기는 가치를 갖게 되었다는 거지. 그래서 경매, 재테크, 투자 수단으로까지 확대되었어. 그래서 이따금 위작 논란이 일기도 하지만……"

"예술품에 그렇게 심오한 의미가 있었는지는 몰랐어."

옆 테이블에 있던 아저씨들이 일어났습니다. 아저씨들은 끝까지 중국말로 대화를 했습니다. 그 중에 해바라기 앨범을 들고 있던 아저씨가 나한테 다가와 아까 넘어졌던 것은 괜찮은가 묻고 지나 갔습니다. 참 다정한 분인 것 같았습니다. 그런데 '밀수입' 이니 '50% 파격가' 니 하는 문구는 정말 무엇이었을까요?

예술 작품의 복제와 대중화

　복제를 처음 할 수 있었던 것은 카메라가 등장하면서부터입니다. 사진은 우리가 보는 것을 있는 그대로 담아내기 때문에 법정에서 증거로 사용하기도 합니다. 그러나 사진조차도 사물을 최대한 '비슷하게' 찍을 수 있을 뿐, 그 분위기까지 '똑같이' 담아내지는 못합니다.

　단 하나뿐인 예술 작품을 무한히 복제함으로써 이제는 전 세계 어느 곳에서나 같은 예술품을 감상할 수 있게 되었습니다. 그림은 사진으로 찍혀 값싸게 팔리고, 한 번 밖에 없는 공연도 CD나 DVD로 만들어집니다. 이제 MP3나 동영상으로도 복제가 가능합니다. 이렇게 기술 복제로 인해 예술의 진짜 가치가 사라지면서 대중문화가 나타났습니다.

　벤야민은 모든 것이 복제 가능하게 되었다는 사실에 주목하여, 오늘날을 기술 복제 시대로 규정합니다. 이전에는 예술이 귀족들만 즐길 수 있었기 때문에 고급 문화였는데, 대중문화는 그러한 귀족들 특권을 빼앗았습니다. 아무나 감상할 수 없었던 작품과 공연이 복제되면서 대중에게 다가가게 되었습니다.

대중은 '멀리 있으면서 근접할 수 없는 아우라'를 자신에게 가까이 끌어오고 싶어 했습니다. 그래서 사진과 엽서, 가짜 그림 등을 구입해 집을 꾸미기 시작했습니다. 이제는 프랑스 루브르박물관에 직접 가지 않아도 '모나리자' 같은 위대한 그림을 집에서 사진이나 엽서로 볼 수 있게 되었습니다.

이러한 측면에서 보면 복제가 옳지 않은 것만은 아닙니다. 복제를 통해 누구나 예술 작품을 감상할 수 있게 되었고, 한 번밖에 경험할 수 없는 감동의 순간을 여러 번 반복해서 느낄 수도 있게 되었으니까요.

다양한 매체가 발전하면서 우리는 예술 작품을 쉽게 접할 수 있게 되었습니다. 그리하여 오늘날에는 TV와 영화, 라디오 등을 통해 예술 작품을 감상할 수 있게 되었습니다. 여러분은 어떻게 생각하나요? 진짜는 아니더라도 원본에 가까운 예술 작품을 누구나 쉽게 접할 수 있으니 좋은 세상 아닐까요?

3

지각의 변화

파시즘은 기술에 의해 변화된 지각의 예술적 만족을 (······)
전쟁에서 기대하고 있다. 인류의 자기 소외는 그들 자신의 파괴를
최고의 미적 쾌락으로 체험하게 하는 정도에까지 이르렀다.

– 발터 벤야민

1 머피의 법칙

"텔유, 텔유, 텔텔텔텔텔유. 학교 위해서라고, 학생 위해서라고."

등굣길. 전교 학생들이 지나가는 교문 앞에서 연극부 독수리 오형제는 텔미 가사를 개작한 노래에 맞춰 어깨를 힘차게 흔들었습니다. 학생들뿐만 아니라 선생님들도 우리를 보고 열심히 하라며 웃으면서 지나갔습니다. 얼굴은 화끈 달아오르고, 정말이지 창피해서 쥐구멍에 들어가고 싶었습니다. 이렇게까지 하면서 연극부에 꼭 있어야 하나? 방송부처럼 조용히 공약을 적은 종이만 돌리면 안 되나? 종이 나눠주랴, 춤추랴, 대사 외워서 학생들한테 콩트 보여 주랴, 피곤해 죽겠습니다!

"성웅아, 너는 지금 이 연극부가 마음에 들어?"

나는 교실로 들어가면서 같이 춤을 추었던 성웅이에게 물었습니다.

"뭐, 썩 마음에 드는 건 아니지만 형이 하라는데 해야지."

성웅이는 아무 생각이 없는 것 같았습니다. 성웅이는 흐르는 땀을 닦으며 무슨 문제 있냐는 얼굴로 나를 보았습니다.

"너도 히틀러가 시키는 게 다 마음에 들어?"

나는 다른 친구한테 물었습니다.

"좀 힘들긴 하지만 선거는 좀 있으면 끝나잖아. 계속 하라고 하면 못 하지."

다른 애들한테 물어봐도 반응은 비슷했습니다. 불만이 없는 듯했습니다. 아니면 히틀러가 무서워서 없는 척하는 건가?

히틀러와 몇몇 형들이 운동장을 가로질러 걸어오는 모습이 보였습니다. 춤추던 우리는 거의 반사적으로 고개를 숙이고 크게 인사를 했습니다. 히틀러는 우리가 하는 인사에 잠깐 손을 흔들어 주었습니다. 뭐야, 저 건방진 손 인사는?

"이거 오늘 너희들 일정표야."

히틀러 옆에 있던 형이 우리에게 종이를 주었습니다. 선거 유세 일정표였습니다. 아, 진짜 짜증나. 일주일째 쉬는 시간을 어떻게 지냈는지, 점심을 어떻게 먹었는지도 모르겠는데 또?

"열심히 하겠습니다."

하지만 역시 나는 마음과 정반대 대답을 하고 말았습니다.

오늘도 우리는 각 반을 돌면서 마음에도 없는 미소를 띠며 히틀러를 찍어달라고 힘차게 외쳐야 했습니다. 게다가 점심시간에 해야 할 콩트가 있어서 쉬는 시간이고 수업 시간이고 가리지 않고 대본을 외웠습니다.

"박재현, 선거 운동 열심히 하는 것도 좋지만 수업 시간엔 수업을 열심히 해야 하지 않을까? 오늘만 벌써 세 번째 걸렸다."

선생님께서 어느새 내 등 뒤에 와 계셨습니다. 나는 깜짝 놀라 대본을 감췄습니다. 다 못 외우면 히틀러한테 혼날 텐데, 짜증이 머리끝까지 올라왔습니다.

선거 운동이 빨리 끝났으면 좋겠습니다. 선거운동 때문에 도무지 다른 것들이 손에 잡히지를 않았습니다. 연극부가 히틀러 소굴

인 줄 알았다면 생각을 달리했을 것입니다. 소문으로 듣기는 했지만 이건 너무 심한 거 아닌가요?

집에 오자마자 엄마를 찾았습니다. 기분이 엉망일 때는 맛있는 음식을 먹어 달래줘야 했습니다. 엄마를 아무리 불러도 대답이 없어서 지하 작업실로 갔습니다. 작업실은 그리다 만 꽃 그림으로 가득했습니다. 엄마는 꽃을 소재로 하여 이번 전시회를 준비하고 있는 모양이었습니다.

엄마 그림은 정물화가 아니었습니다. 그렇다고 완전한 추상화도 아니었습니다. 정물화에서 추상화로 넘어가는 단계랄까요? 꽃은 꽃인데 변형된 꽃들이었습니다.

이 그림들을 언제 다 그리나, 며칠 전에도 이런 모습이었는데……. 엄마 그림을 보니 참 따분한 생각이 들었습니다. 볼 때마다 뭔가 꽉꽉 달라지는 게 있어야 뭔가 이루어지고 있다는 기분이 드는 법인데, 엄마는 그림을 그리고 있는 건가? 어느 세월에 이 많은 캔버스를 다 채울까? 그림 그리는 과정은 길고 지루해서 답답하기만 했습니다.

배에서 꾸르륵 소리가 났습니다. 부엌으로 가서 냉장고 문을 열었습니다. 호박, 당근, 양파, 파, 마늘……. 한숨이 났습니다. 이

걸 내가 어떻게 해서 먹어야 할지. 아빠랑 지낼 때에는 끼니쯤은 걱정이 없었습니다. 냉동 만두, 냉동 피자, 냉동 스파게티 같은 것들이 가득했으니. 선반 위에는 라면도 늘 가득 채워져 있었습니다. 나는 냉장고 문을 세게 닫고 쿵쾅거리며 방으로 올라왔습니다.

아침부터 전교생 앞에서 춤을 추고 선생님한테 지적당하고 집엔 먹을 것도 없고. 아, 왕 짜증나! 컴퓨터를 켰습니다. 자주 들어가는 온라인 게임에 들어가자 이미 들어와 있던 친구들이 말을 걸었습니다. 하지만 나는 본 척도 하지 않고 괴물 죽이는 일에만 집중했습니다.

두시간 동안 열을 올렸지만 괴물들은 온전히 내 뜻대로 죽지 않았습니다. 게다가 생각지도 못한 곳에서 이상한 녀석이 나타나 내 아이템을 훔쳐가기까지 했습니다. 눈앞에서 아이템을 놓치자 화가 머리끝까지 치밀어 올랐습니다.

"잡히면 죽었어! 이 자식 나타나기만 해 봐라!"

나는 자판이 부서져라 마구 버튼을 눌러댔습니다. 사라진 내 아이템을 찾아 헤매고 있을 때 친구에게서 쪽지가 날아왔습니다. 성을 공격하자는 것이었습니다. 성을 공격하는 건 한번도 해 보지 않았지만 단숨에 레벨을 올릴 수 있는 절호의 기회였습니다. 나는 친구들을 믿고 공성전에 들어가기로 했습니다.

"빨리빨리 왼쪽을 공격해. 나는 오른쪽으로 들어갈게. 야, 왼쪽으로 가라니까."

이렇게 마음이 안 맞아서야. 홧김에 자판을 더 세게 두드리는데 갑자기 화면이 정지되었습니다.

"어, 이거 왜 이래? 다운됐나?"

나는 당황해서 아무 자판이나 마구 눌렀지만 컴퓨터는 반응이 없었습니다. 미칠 것 같았습니다. 안 돼, 이제 조금만 더 하면 성을 뺏을 수 있었는데! 나는 자판을 쾅쾅 내리쳤습니다.

"박재현! 너 무슨 짓이야?"

이모가 소리쳤습니다. 나도 내 행동에 깜짝 놀랐습니다. 하마터면 자판이 부서질 뻔했습니다.

"집에 먹을 게 없으니까 그렇잖아!"

나도 모르게 이모한테 엉뚱한 소리를 버럭 질렀습니다. 내가 왜 이러지?

"먹을 게 없다고 컴퓨터를 부수니? 방은 이게 다 뭐야! 어서 치우지 못해!"

나는 방을 휘둘러보았습니다. 방바닥에는 벗어놓은 옷들과 널린 책들 때문에 어지러웠습니다. 책상 위에는 히틀러가 쓰라고 시킨 4절지 도화지들과 매직이 한가득 있었습니다.

"하나, 우리 학교를 예술 학교로 만들겠습니다. 둘, 한 달에 한 번씩 체험 학습을 하겠습니다. 셋……."

"이리 줘! 왜 남의 물건에 손을 대고 그래!"

나는 이모가 읽던 선거 내용이 적힌 종이를 거칠게 빼앗았습니다.

"뭐? 너 말 다 했어? 당장 방 청소하고 거실로 나와!"

"이모가 엄마라도 돼? 왜 엄마도 시키지 않는 걸 이모가 시키고 난리야!"

이모가 나를 한 번 쳐다보고는 방문을 쾅 닫고 나갔습니다. 나는 종이를 방바닥에 던져 버렸습니다. 그리고 씩씩거리며 숨을 거칠게 몰아쉬었습니다.

"박재현, 나와. 나랑 갈 데가 있어."

이모가 나를 뚫어지게 보았습니다. 이모를 보자 내가 조금 전에 했던 행동들이 머릿속에 그려졌습니다. 아, 내가 이모한테 왜 그랬을까? 나는 이제 죽었다…….

2 연극이 뭐길래

이모와 나는 함께 가는 내내 아무 말도 없었습니다. 평소에 말이 많던 이모가 아무 말도 하지 않으니 더 무서웠습니다. 차라리 소리라도 치면서 화를 내지.

이모는 나를 어느 건물 지하로 데려갔습니다. 그곳은 연극 연습실이었습니다. 여러 사람들이 사방이 거울로 둘러쳐진 곳에서 공연 연습을 하고 있었습니다. 나는 한쪽 구석 바닥에 쪼그리고 앉아 이모가 연습하는 모습을 구경했습니다. '뮤지컬 심청전' 이라고 써진 현수막이 정면 거울 벽 위에 덜렁덜렁 붙어 있었습니다.

무대도 없고 의상도 없는 연극 연습은 무척 따분했습니다. 반주도 피아노 달랑 하나였는데 그다지 흥이 나지 않았습니다. 관객이 없어서 그런가? 공연장에서 느껴졌던 신비감이 전혀 없었습니다.

겨우 이걸 보여 주려고 그렇게 인상 퍽퍽 쓰며 나를 여기로 데려온 거야? 나는 늘어지게 하품을 했습니다.

이모의 연습 장면을 보고 있자니 늘 똑같은 엄마의 꽃 그림이 떠올랐습니다. 피는 못 속인다고, 어쩜 골라도 두 분이 이리도 똑같이 재미없는 걸 골랐을까? 엄마는 지루한 그림, 이모는 따분한 연극. 고개를 절레절레 흔들 수밖에 없습니다. 이왕 연기를 할 거라면 액션도 팍팍 들어가고 음악도 빠방한 영화를 하지.

"공연장에서 보는 게 아니라 좀 재미가 없지?"

한 배우 아저씨가 쉬는 시간에 내 옆에 다가와 말했습니다. 나는 고갤 푹 숙이고 졸다가 퍼뜩 잠이 깼습니다.

"이모가 왜 이렇게 재미없는 곳에 널 데려왔을까? 너는 시간 나면 주로 뭘 하면서 지내니?"

"컴퓨터 게임이요."

나는 감기려는 눈꺼풀에 힘을 주며 대답했습니다.

"연극은 잘 안 보니?"

"자주는 아니더라도 공짜 표가 생길 때에는 가끔 봐요. 이모가 연극을 하니까."

"너는 연극보다 텔레비전이나 영화가 더 좋지?"

나는 주저하지 않고 고개를 끄덕였습니다. 내 친구들 중에서 연극 보는 애는 나밖에 없을 것입니다. "영화배우 할 사람!"이라고 물으면 손을 들어도 "연극배우 할 사람!"이라고 물으면 보통 반응이 뚱했습니다.

"텔레비전하고 컴퓨터 게임이 아이들을 많이 망쳤구나."

곧 이모도 땀을 닦으며 내 옆에 다가와 앉았습니다.

"전쟁 게임이 아이들을 아주 난폭하게 만들었다니까. 내가 아는 어떤 아이도 아주 성격이 장난 아니야."

이모 말에 나는 속이 뜨끔했습니다. 배우 아저씨가 싱긋 웃으며 이야기했습니다.

"텔레비전, 영화 등 대중 매체는 우리가 느끼는 방식에 큰 영향을 미쳐. 그래서 우리의 감수성도 바꾸어 놓지. 유식한 말로 하자면 지각 방식이 변했다고 할까?"

"지각 방식이 변했다는 게 무슨 말이에요?"

"대중 매체는 시각적인 것을 촉각, 즉 몸으로 만지고 느낄 수 있는 것으로 만든단다. 점차 해상도가 좋아져 선명한 화면을 보게 되면 눈으로 보는 게 아니라 손으로 만지게 되는 느낌을 갖게 되는데, 그렇게 눈에서 촉각으로 지각이 변화하는 핵심이 속도와 폭력이야."

아저씨 설명을 듣던 이모가 나를 새침하게 노려보았습니다. 나는 이모 눈빛을 외면하며 아저씨에게만 시선을 집중했습니다.

"영화는 한 장, 한 장의 정지된 필름을 빠른 속도로 돌려서 상영하잖아. 이처럼 영화가 담은 속도감은 촉각적인 지각 방식을 훈련시켜주는 거야."

나는 고개를 갸웃거렸습니다. 그러자 이모가 말했습니다.

"예를 들어 농촌에 사는 사람과 도시에 사는 사람은 지각 방식이 달라. 농촌 사람들이 서울에 올라오면 모든 게 너무 빨리빨리 진행돼서 적응을 잘 못하지. 또 도시에서 살던 사람이 농촌에 내려가면 심심하거나 하루가 길게 느껴질 거야. 즉, 도시 사람들과 농촌 사람들은 완전히 다른 지각 방식을 가지고 사는 거야. 그런 것처럼 한 사람 한 사람의 지각 방식도 각기 달라서, 사람들은 각자 자신의 속도감에 맞춰 생활해. 한 집에 산다고 해도 너랑 엄마랑 이모의 속도감도 달라."

나는 엄마와 이모와는 달리 인내심이 없는데 그것도 속도감과 관계된 것일까? 하긴 나는 엄마와 이모 행동이 느리다고 생각한 적이 한두 번이 아니었습니다. 특히 시장이나 마트에서 같이 쇼핑할 때면 신경질이 머리끝까지 났습니다. 나는 발을 동동 구르며 빨리 빨리 골라라 하고 답답했습니다. 그래, 그게 다 속도감이 달라서였구나. 역시 두 자매의 느린 성미는 알아줘야 해!

3 느린 건 싫어!

"독일의 히틀러라고 아니?"

아저씨가 물었습니다. 나는 고개를 끄덕였습니다. 내 머릿속엔 조용혁 히틀러가 떠올랐습니다. 그러자 조용혁이 시킨 일들이 순식간에 머릿속을 꽉 채웠습니다. 내일까지 도화지에 선거 공약도 써 가야 하고, 대본도 외워야 하고, 춤 연습도 해야 하고, 할 일이 태산인데 내가 지금 여기 앉아서 무엇을 하고 있는 거지?

"처음 히틀러의 나치 돌격대는 기껏해야 오토바이 폭주족 수준이었어. 그런데 이 사람들이 나중에 전쟁에 나가 전차와 항공기를 몰게 된 거야."

아저씨가 양손을 펼쳐 비행기 흉내를 냈습니다.

"인간이 속도감을 가장 잘 느낄 수 있는 게 뭘까?"

"음…… 스포츠? 고속철도 여행? 비행기 탈 때?"

"전쟁이야."

"아하!"

"전쟁은 곧 속도전이라는 말도 있잖아. 전쟁 때 쓰이는 엄청나게 빠른 무기들 있지? 전투기라든지, 총알이라든지, 그런 무기들을 통해 인간은 속도에 대한 쾌감을 느끼는 거야. 그래서 히틀러 같은 사람은 그 전쟁 무기들로 도시를 폭격하고 파괴하면서 잔인한 전쟁을 아름답게 표현했단다."

"너도 전쟁 게임 많이 하니까 속도감에 대해 좀 알겠네?"

이모 물음에 나는 자라목처럼 어깨를 움츠리며 고개를 끄덕였습니다.

"이모가 벤야민이라는 철학자 이야기한 적 있지?"

"응."

"벤야민은 전쟁을 아름답게 표현한 영화를 비판했어. 사실 전쟁

영화만큼 흥미진진한 것도 없지. 수많은 금속 무기들이 사람들을 죽이지. 여기저기 피가 튀는 끔찍한 살육 장면이 자유와 정의의 이름으로 아름답게 표현되잖아."

이모는 이맛살을 찡그리며 계속 말했습니다.

"영화 속 전쟁은 인간의 지각을 변화시켜서 때로는 즐거움을 줘. 하지만 전쟁이 아름답게 표현되는 장면에 익숙해지다 보면 자신도 모르게……"

이모는 말끝을 흐리며 걱정스런 눈빛으로 나를 바라보았습니다.

"잔인한 게임을 지나치게 많이 한 청소년이 게임과 현실을 구분 못하고 범죄를 저지른 사건, 뉴스에서 들어봤을 거야."

아저씨도 근엄한 표정으로 나를 보았습니다. 두 사람은 내가 전쟁 게임에 미쳐서 물불 가리지 않을까 봐 걱정스럽다는 표정이었습니다. 내가 현실과 게임도 구별 못 하는 철없는 아이로 보인다는 말이야? 사람을 뭘로 보고! 갑자기 얼굴에 열이 확 올랐습니다.

"벤야민은 경험(Erfahrung)과 체험(Erlebnis)을 구분해. 경험이 하나로 통일되었다면 체험은 부서진 조각처럼 흩어져 있어. 유식하게 말하자면 파편화되어 있다고 해야 할까? 그런 점에서 전통과 공동체 의미가 없어진 대중예술에는 경험이 아닌 체험만이 있다고 할 수 있어. 뿐만 아니라 인간의 지각 작용은 매번 똑같은 것, 반복하는 것에 민감해지면서 서서히 변화하고 있다고 했어."

"무슨 말인지 통 모르겠어요."

"그럼 예를 들어 볼까?"

아저씨는 계속해서 말했습니다.

"체험 중에 '충격'이 있어. 매일 방송을 통해 충격적인 정보를 접하게 돼도 그것이 내일이 되면 잊히고 다시 새로운 정보로 채워지거든. 그것처럼 체험은 서로 연결되지 않고 흩어진 채라고 볼 수 있지."

"흐음……."

그때 연습 장면을 찍던 누나가 이쪽으로 다가오더니 우리 세 사람을 찰칵 찍어 주었습니다.

"연습 장면을 왜 찍어? 완성된 무대 공연도 아니고."

내가 이모에게 물었습니다.

"과정을 남겨 놓는 거야. 일종의 기록인 셈이지. 카메라가 없었다면 아마 그림으로 대충 스케치를 하고 있었겠지. 아님 글로 남겼거나. 그래서 나중에 자기 움직임을 읽고서 고칠 점은 고쳐나가는 거야. 세상 많이 좋아졌어."

카메라 누나가 계속 사진을 찍자, 아저씨는 점점 우스꽝스런 모습을 취하며 누나와 장난을 쳤습니다.

"아무리 사진과 영화를 비판해도 사실 우리는 사진과 영화의 도움을 받으며 살고 있어. 회화가 사람 눈으로 본 세상을 표현한 거라면, 사진은 사람의 눈이 아닌 기계의 눈으로 본 세상이야. 기계의 눈은 사람이 알아볼 수 없는 것까지 확대 화면이나 느린 화면을 통해 보여줄 수 있지. 어쩌면 사진이나 동영상에 있어서는 복제가 원본보다 낫다는 사람도 있어."

이모가 말을 마치고 픽 한숨을 쉬었습니다.

"확대 화면? 느린 화면?"

"우유 광고에서 봤던 왕관 모양 같은 걸 말하는 거야."

내가 묻자 아저씨가 예를 들어 말하며 싱긋 웃었습니다.

"사진이 없었다면 우리 몸속 세포를 일반인이 쉽게 보기는 힘들었을 거야. 기계 촬영은 눈으로 볼 수 있는 시간과 공간을 늘려놓았어. 시간과 공간 형식이 바뀌면서 인간의 체험 방식이 달라진 거야."

그리고 아저씨는 갑자기 핸드폰 카메라를 내 얼굴 가까이 들이

댔습니다. 나는 깜짝 놀라 뒤로 물러났습니다. 이렇게 가까운 거리라면 얼굴 땀구멍까지 다 찍혔을 겁니다.

이모는 다른 사람들이 휴식을 마치고 슬슬 거울 벽 앞에 모여 서는 모습을 보며 말했습니다.

"텔레비전 또한 시간에 대한 감각을 바꿨지. 해가 뜨면 아침이 되고 점심이 되고 해가 지면 저녁이 되는 건 자연의 시간이야. 그러나 텔레비전에 빠지면 자연의 시간이 아니라 인위적인 시간에 맞추게 돼. 텔레비전은 매 시간 프로그램이 바뀌고, 또 프로그램 사이사이에 여러 개의 광고가 끼어 들어가잖아. 광고는 십여 초 동안 많은 정보를 줘야 하니까 빨라질 수밖에 없어. 따라서 텔레비전에 빠져 살다 보면 사람의 속도감도 달라질 수밖에."

"사람 지각과 몸은 다양한 매체 환경에 적응하면서 변해가니까. 말하자면 훈련하는 거지."

아저씨가 덧붙여 주었습니다.

"그럼 우리가 텔레비전에 의해 훈련당하고 있는 거네."

내 말에 이모가 고개를 끄덕였습니다.

"마치 일꾼이 기계화된 작업에 익숙해지듯 시청자들도 매체에 익숙해지는 거지. 그러다 보면 몸과 지각이 변하는 거야. 사람은 대중 매체가 점점 빨라질수록 쾌감을 느끼지. 영화 매체도 마찬가지 같아. 현대인이 현대 사회 속도에 맞게 우리를 훈련시키는 게 아닐까?"

"액션 영화 봐라. 그 속도감을 어떻게 따라 가? 그러니 연극은 한없이 느리게만 느껴지는 거지."

나는 이모와 아저씨 말에 고개를 끄덕였습니다. 토끼와 거북이 이야기가 생각났습니다. 동화 속에서는 거북이가 이기지만 현대판 토끼와 거북이에서는 토끼가 가볍게 이길 것 같았습니다. 아저씨 말대로 거북이 연극은 토끼 영화를 따라갈 수 없으니까요.

이모와 아저씨는 영화 매체를 비판하는 입장 같았지만, 나는 오히려 연극부에 괜히 들어갔다는 생각이 들었습니다. 내 꿈을 위해서는 차라리 카메라가 돌아가는 방송부가 더 영화 매체에 가까울 것 같았습니다. 히틀러 선거 운동도 정말 하기 싫고, 아무래도 부서를 잘못 선택한 것 같아 큰일이었습니다.

매체에 따른 지각 방식의 변화

　TV와 영화 등 대중매체는 우리가 느끼는 방식, 즉 지각 방식을 속도와 폭력에 중독되게 만듭니다. 이 두 가지를 함께 경험할 수 있는 실제상황이 바로 전쟁입니다.

　벤야민이 살던 시대는 히틀러가 전쟁을 일으킨 때입니다. 많은 사람들이 전쟁에 참여하고 열광하였습니다. 당시 예술 사조였던 미래파는 "우리는 유일하고도 진정한 세계의 건강법인 전쟁을 찬양할 것"이라고 선언했습니다. 요즘 컴퓨터 게임을 보더라도 마찬가지입니다. 게임 이용자들은 서로 싸우고 죽이면서 빠른 속도로 진행되는 장면에 가장 큰 재미를 느낍니다. 파시즘 예술은 폭격으로 도시가 파괴되고 눈코 뜰 새 없이 비행기가 날아다니며 사람들이 죽어 나가는 끔찍한 전쟁을 아름답게 표현합니다. 벤야민은 바로 이를 비판합니다.

　전쟁 영화처럼 인간은 점점 빠른 세계에서 쾌락을 느끼게 됩니다. 자

연스런 속도가 아닌 기계 리듬에 맞추어 일하다 보면 노동자도 어느새 기계화된 작업에 익숙해지기 마련입니다. 시청자들도 TV 매체에 익숙해지다 보면 사물을 보는 느낌이 바뀌어 갑니다. 이처럼 매체는 그 사회 속도에 맞도록 인간 지각을 훈련시킵니다.

또 다른 변화는 사물을 바라보는 방식입니다. 지각 방식이 달라져 눈과 사물 사이에 카메라 렌즈가 끼어들어 눈에 보이는 풍경을 똑같이 베껴냅니다. 이전에는 붓과 물감을 이용해 그림을 그렸지만, 지금은 카메라를 이용해 사진을 찍습니다.

카메라를 비롯한 광학 기술이 발전하면서 우리는 예전에 볼 수 없었던 모습도 볼 수 있게 되었습니다. 너무 빨라서 사람 눈으로 확인할 수 없었던 장면을 느린 동작으로 볼 수도 있고, 멀리 있거나 너무 작아서 보기 힘들었던 모습들도 확대 기능을 통해 세밀하게 관찰할 수 있습니다. 이를테면 육상선수가 뛰는 모습을 비디오로 찍어 느린 장면으로 보는 경우, 나뭇잎의 작은 엽록소를 현미경으로 자세히 보는 경우 등이 있습니다. 이러한 기술 발전은 시간과 공간에 대한 인간 감각 능력을 매우 확장시켰습니다. 시간 연장과 공간 확장을 통해 인간의 체험 방식이 달라진 것이지요.

　세계에 대한 모든 체험은 미디어로 매개된(mediated) 체험입니다. 오늘날에는 우리가 경험할 수 있는 영역 안에서뿐만 아니라, 경험할 수 없는 시간과 공간 영역으로까지 감각 경험을 넓혀주는 환상적인 영화도 많이 탄생하고 있습니다.

4

영화와 연극

 예술 작품을 기술적으로 복제할 수 있다는 점은 예술에 대한
대중의 태도를 바꾼다.

– 발터 벤야민

1 히틀러의 선물

앞으로 일주일 후면 학생회장 선거를 치릅니다.

우리 학교는 몇 년 동안 방송부와 연극부 둘 중 하나의 특활부에서 학생회장이 뽑혔습니다. 작년 학생회장은 방송부 출신이었습니다. 그래서 연극부원들은 무슨 일이 있어도 올해 학생회장은 연극부에서 나와야 한다고 벼르고 있었습니다.

지금까지 상황으로 보아서는 분명 히틀러가 당선될 것 같았습니다. 연극부의 멋들어진 유세 활동 덕에 히틀러는 하늘을 찌르는 인기 스타가 되었습니다. 앞으로 일주일 동안 우리에게 얼마나 더 많은 일을 시킬까? 안 봐도 뻔했습니다. 하고 싶으면 자기 혼자 하지 왜 애꿎은 연극부원들까지 학교 운동장 청소를 시키는 거야? 아무리 생각해도 히틀러 개인의 욕심에 부원들이 이용당하는 것 같았습니다.

연극부원 전체가 강당에 모여 선거 운동 계획을 듣고 있을 때 히틀러가 들어왔습니다. 그리고 아무 말 없이 한 사람 한 사람에게 손바닥만 한 선물을 주었습니다. 우리는 영문도 모른 채 선물을 받았습니다. 뜯어보니 나이키 상표가 새겨진 하얀 가죽 지갑이었습니다. 새하얀 가죽이 반짝반짝 빛을 냈습니다. 완전 대박이었습니다!

우리는 벌린 입을 다물 줄 몰랐습니다. 여기저기서 멋지다고 감탄사가 터졌습니다.

"다른 뜻은 없어. 그동안 너희가 애써 준 거 정말 고맙다고. 그리고 남은 일주일도 부탁한다고."

히틀러가 싱긋 웃었습니다. 히틀러의 작은 눈이 빛났습니다. 순간 히틀러가 너무 늠름하고 멋있어 보였습니다. 이런 뇌물에 넘어가면 안 되는데……. 그런데 이 물건 정품인가? 나는 지갑을 요

리조리 살폈습니다. 지갑 안에 나이키 품질보증서가 들어있었습니다.

나는 연극부원 수를 세었습니다. 여기 있는 사람들만 해도 열다섯 명. 이 지갑이 진짜 나이키 제품이라면 못해도 몇 만원은 할 텐데. 하나당 최소 만원이라고 쳐도 열다섯 개면 십오만 원!

"성웅아, 히틀러 집이 부자야?"

"몰랐어? 나이키 하잖아."

성웅이는 정말 몰랐냐는 듯이 쳐다보았습니다.

"나이키 가게?"

"가게가 아니고 아마 회사로 알고 있는데. 직접 물건도 만들 걸? 나이키 말고도 다른 명품 사업도 한다는 것 같았어."

"그럼 뭐야, 재벌 집 아들이잖아? 그럼 히틀러 아빠가 대기업 사장님이야?"

"그건 모르겠어. 등나무 쉼터도 히틀러 아빠가 만들어 주었다는 소문이 있어. 아무튼 히틀러 집이 빵빵해서 히틀러가 연극부에 들어오면서 연극부 지원이 걱정 없다고 하잖아. 정말 몰랐어?"

그렇다면 히틀러가 학생회장이 되는 건 의심의 여지가 없었습니다. 방송부에 안 들어가길 정말 잘한 것 같았습니다. 이럴 줄 알았으면 벽보 글씨를 더 잘 써 줄 걸. 하굣길에 내가 쓴 선거 벽보를 보았는데 글씨가 온통 괴발개발이었습니다. 지갑 선물 받은 게 미안할 정도였습니다. 나는 주위를 살펴본 후 손에 들고 있던 지갑을 얼른 바지 주머니에 넣었습니다.

"저기 히틀러 아니야?"

성웅이가 패스트푸드점으로 들어가는 히틀러를 가리켰습니다. 우리는 가게를 지나치면서 그 안을 보았습니다. 히틀러가 몇몇 아이들과 함께 앉아 있었습니다.

"저기 우리 반 반장 아니야? 저기 앉아서 뭐 하나?"

히틀러가 가방에서 선물 하나씩을 꺼내 테이블에 놓았습니다. 성웅이와 나는 동시에 서로를 보았습니다. 우리에게 주었던 선물 포장지와 똑같았습니다. 나는 바지 주머니에 넣었던 지갑을 꺼내 꼭 움켜잡았습니다.

"저렇게까지 해야 하나? 안 그래도 될 텐데."

"자기가 하고 싶다는데 누가 말려. 가자."

성웅이가 나를 잡아끌었습니다. 가슴이 답답했습니다. 무언가 할 말이 있었는데 입 밖으로 나오지 않았습니다.

2 상업적 예술? 정치적 예술?

집 앞에 삼촌 차가 있었습니다. 삼촌한테 고민 상담 좀 받고 싶어 부리나케 거실로 들어왔는데, 집안 분위기가 이상했습니다. 엄마, 삼촌, 이모 표정이 심각했습니다.

"그러니까 언니는 대기업 광고 그림을 그린다는 거고, 너는 정치인 사진을 찍겠다는 거 아니야!"

이모가 흥분하며 말했습니다.

"나는 아직 결정하지 않았어. 수현이, 넌 언제? 결심한 거야?"

엄마가 삼촌에게 물었습니다. 삼촌이 고개를 끄덕였습니다.

"두 사람 이제 돈이 필요한가 보지?"

이모가 비아냥거렸습니다.

"예술이 돈이 되는 게 문제야? 나는 그렇게 생각하지 않아. 이번 기회를 통해 대중이 좀 더 많이 공감하고 감동받을 수 있는 작품을 그려야겠어. 내 그림들은 지나치게 대중과 멀리 떨어져 있었어."

"언니, 많이 변했다. 언니, 그 사이 굉장히 현실적으로 변한 거 알아? 나는 지금의 언니 그림이 좋아. 그리고 많은 사람들이 언니 그림을 좋아해. 너도 언니 그림 좋아하지 않아?"

"나도 지금의 형수님 그림 좋아해. 하지만 작가의 가치관은 변하기 마련이고 그에 따라 그림 성향도 변하는 거야. 나는 형수님 말이 일리가 있다고 생각해. 대중과 먼 예술은 진정한 예술이 아니야. 나 역시 그저 돈이 좋아 정치인 사진 찍는 거 아니야. 내가 좋아하는 정치인이니까, 그를 지지하는 차원에서 사진촬영 의뢰를 받아들인다고 한 것뿐이야."

삼촌 말에 이모가 고개를 흔들었습니다.

"아니, 진정한 예술은 정치적인 수단으로 쓰일 수 없지. 네가 정치가 사진을 찍으면 예술을 포기한 거나 마찬가지야."

이모가 단호하게 말했습니다. 그러니까 이모 말은, 예술이 상업이나 정치의 수단으로 쓰이면 안 된다는 건가? 집안 분위기가 점점 더 싸늘해졌습니다. 삼촌이 자리에서 일어났습니다. 삼촌이 나를 바라보았습니다.

"재현아, 아빠 촬영장에 갈 건데 같이 갈래?"

엄마와 이모 사이에 흐르는 차가운 기운 때문에 나는 삼촌을 따라 나섰습니다.

나는 촬영장에 와 보고 깜짝 놀랐습니다. 책이나 텔레비전에서 보았던 일제 강점기 모습이 고스란히 내 눈앞에 펼쳐져 있었습니다. 마치 내가 과거 일제 강점기로 온 것 같았습니다. 삼촌과 나는 촬영에 방해가 되지 않도록 아빠가 하는 일을 멀리서 지켜보았습니다.

"추격전 장면이야."

삼촌이 설명해 주었습니다. 아빠 영화에는 원래 액션이 전혀 없었습니다. 그런데 지금 찍는 추격전을 보니 아빠가 왜 액션 영화를 안 찍는지 모르겠습니다. 이렇게 실감나게 잘 하면서…… 액

션 영화를 많이 찍으면 관객도 많아질 테고 그럼 돈도 더 많이 벌 수 있지 않을까?

장면 하나를 찍는 것이었지만 완벽한 세트장과 배우들의 액션 때문에 나는 그 자리에서 진짜 영화를 보는 듯했습니다. 나는 액션 장면을 보는 내내 손에 땀을 쥐었습니다. 며칠 전에 보았던 이모의 연극 연습과는 비교가 되지 않았습니다. 역시 영화야!

"재현아, 어떻게 여기까지 왔어?"

아빠가 삼촌과 나를 불렀습니다.

"아빠, 정말 멋있어. 다음엔 액션영화 꼭 찍어. 영화에서 액션이 빠지면 정말 재미없다고."

나는 흥분을 가라앉히지 못하고 말했습니다.

"너희 아빠가 액션 영화를? 어림도 없다."

"너는 정치인 사진 찍기로 한 거야?"

아빠가 삼촌을 보자마자 물었습니다. 삼촌은 말없이 고개를 끄덕였습니다.

"내가 좋아서 하는 거야. 예술적으로 찍으면 돼. 정치인 사진이라고 해서 꼭 딱딱할 필요는 없거든. 사진 나온 거 보고 얘기 해. 내가 지호랑 형 등살에 못 살겠다. 지호는 또 형수님이 기업 광고 그럼 그런다고 길길이 뛰고……. 형수님이랑 나는 앞으로 대중을 찾아가는 예술을 하기로 마음먹었으니까 형도 형수님한테 아무 말 마. 지호가 나나 형수님한테 뭐라고 할 수는 있어도 대중예술의 정점에 있는 영화를 만드는 형이 뭐라고 하면 형수님, 아마 웃을 거다."

  아빠랑 삼촌은 여기서도 예술의 정치성과 상업성에 대해서 토론을 할 모양이었습니다. 액션 장면을 봐서 좋기는 했지만 이야기가 길어지자 괜히 따라왔다는 생각이 들었습니다. 그냥 집에서 컴퓨터나 할 걸.

3 시간과 공간이 무너지다

"너는 내 영화를 어떻게 보는 거니?"

아빠가 씁쓸한 표정으로 삼촌에게 물었습니다.

"영화는 시공간 형식을 무너뜨려. 그런 영화가 오늘날 예술이라면, 예술을 하는 사람들의 사고도 전환할 필요가 있는 거 아니야? 그건 형이 더 잘 알 거라고 생각하는데? 영화감독인 형이 형수님이나 나한테 예술의 전통을 유지하라고 하면 말이 안 되지."

"왜 영화가 시공간을 무너뜨린다는 거야? 영화 주인공도 우리랑

똑같은 시간 속에서 사는데?"

나는 삼촌에게 물었습니다.

"같은 시간, 같은 장소에 있어야 할 것들을 언제든 어느 곳에서든 볼 수 있게 되었잖아. 동시에 여러 텔레비전으로 같은 사람을 볼 수도 있고, 하루 종일 같은 장면을 반복해서 볼 수도 있지. 생각해 봐. 현실적으로는 그럴 수가 없어. 한 사람이 동시에 여러 곳에 있을 수 있니? 아니면, 똑같은 사건이 계속 반복될 수 있니? 네가 서울과 부산에 동시에 있을 수 없는 것과 같아. 그러나 텔레비전에서는 가능하지."

나는 이제야 이해를 하고 고개를 끄덕였습니다.

"텔레비전이 무슨 뜻인지 알아? '텔레'는 멀다는 뜻이고 '비전'은 본다는 뜻이야. 멀리서 본다는 것이 아니라 멀리 있는 것을 가까이 있는 것처럼 본다는 뜻이지. 그래서 예전에 한 곳에 고정되어 있던 것이 이제는 리모컨 하나면 언제 어디서나 텔레비전을 통해 볼 수 있게 됐지. 이건 다 복제 기술 덕분이야."

아빠가 촬영장 짐을 정리하며 말했습니다.

"우리는 시간과 공간을 넘어서 예술을 즐길 수 있게 되었단다. 언제나 라디오로 가수 노래를 들을 수 있고 텔레비전으로 많은 프로그램을 볼 수 있지. 요즘은 핸드폰으로 영화나 텔레비전을 볼 수 있잖아. 정말 편한 세상 아니니?"

나는 아빠 말을 귓등으로 들으며 핸드폰 카메라로 지나가는 배우들을 찍었습니다. 그리고 친구들에게 내가 찍은 배우 사진들을 쫙 전송했습니다. 그러자 곧 친구들한테서 줄줄이 답신이 도착했습니다.

'이야! 부럽다 나도 보고싶어……T.T'
'좋겠다! 영화감독 아빠 덕에 영화배우도 보고'
'송애교 누나랑 친해져서 나 좀 소개시켜줘!'
'담엔 나도 데려가라~'
'애교 누나 내사랑! 나 지금 액정화면에 뽀뽀하고 있다'

쉴 새 없이 답신 문자가 도착했습니다. 정신을 못 차리고 답신 문자를 보고 있던 나에게 아빠가 말했습니다.

"정말 편해졌어. 여러 명한테 문자나 사진도 보내고."

"하하! 얘는 액정 화면에다가 뽀뽀하고 있대!"

"하하. 그렇다고 진짜 송애교와 뽀뽀하는 느낌이 날까?"

"어떻게 그런 느낌이겠어? 그냥 사진을 보며 그 비슷한 기분을 느껴보고 싶어서 그런 거겠지."

"그게 바로 원본과 복제본의 차이라는 거야. 송애교 사진에 대고 뽀뽀하는 기분이랑 진짜 송애교와 뽀뽀하는 기분이랑은 천지 차이겠지. 하지만 송애교랑 아예 뽀뽀를 못하는 것보다는 사진에라도 할 수 있다면, 그것도 나쁠 건 없잖아. 또 실제 송애교와 달리 사진은 언제 어디서든 꺼내볼 수 있어서 오히려 더 좋을 수도 있지. 실제 송애교는 시공간의 제약을 받는 사람이지만, 송애교 사진은 시공간의 제약을 받지 않으니까. 언제 어디서든 맘대로 뽀뽀할 수 있는 대상은 실제 송애교 누나가 아니라 송애교 사진이거든."

삼촌의 설명에 아빠가 연이어 말했습니다.

"그래서 벤야민은 복제 기술로 인한 아우라 파괴를 나쁘게만 볼 수 없었던 거야. 복제 기술로 인해 예술 작품을 비롯한 모든 상품이 대량으로 생산되기 시작했지만, 다른 한편으로는 사상 최초로 귀족층이 아닌 대중이 예술을 감상하고 즐기는 주체가 되었거든. 복제를 통해서 말이지."

아빠 말대로라면 엄마가 기업 광고 그림을 그린다고 해도 할 말이 없을 것 같았습니다. 확실히 지금 그리는 엄마 그림은 어려웠습니다. 하지만 사람들이 좀 더 이해하기 쉽게 그린다면 많은 사람들이 엄마 그림을 보고 싶어 하지 않을까라는 생각이 듭니다.

"초기 영화는 연극을 흉내 낸 것에 불과했어. 연극을 상연하면 그것을 그대로 필름에 담았지. 연극은 제한된 공연 시간과 일정한 무대 공간 안에서 이루어지는 거라서, 그때 그곳에서만 느낄 수 있는 아우라가 있어."

아우라? 하지만 나는 이모 연극 연습할 때 아무것도 느끼지 못했는데……. 아빠는 계속해서 말했습니다.

"그러나 영화에는 아우라가 없단다. 왜냐하면 영화는 무수히 복제할 수 있어서 전국, 전 세계 어디서든 상영이 가능하기 때문이지. 원본과 복사본 차이가 없기 때문에 제일 처음에 찍은 필름, 즉 진품에서만 느낄 수 있는 아우라가 없는 거야. 복제해서 유통시키면 어느 영화관에서 보든 같은 영화거든."

"아아……."

나는 고개를 끄덕거렸습니다. 하긴 연극은 한번 공연하고 나면 끝이었습니다. 더 이상 같은 연극이 나올 수는 없었습니다. 바로 그게 연극의 아우라였습니다.

4 시간과 공간의 재창조

　나는 손을 바지주머니에 끼고 입을 헤 벌린 채 구경을 하다가 무심코 히틀러가 준 지갑을 빠뜨렸습니다.

　"재현이 지갑 샀구나. 멋진데?"

　삼촌이 바닥에 떨어진 지갑을 주워주며 말했습니다. 나는 냉큼 지갑을 받아들어 먼지라도 묻었을까 훅훅 불고 옷소매로 문질렀습니다. 그런 나를 보며 삼촌이 큭큭대며 웃었습니다. 그러거나 말거나 어쨌든 깨끗이 닦인 지갑은 언제 봐도 번쩍거렸습니다. 히틀러 눈빛 같았습니다.

나는 뒷주머니에 지갑을 조심스레 찔러 넣고는 삼촌에게 물었습니다.

"삼촌, 예술을 위해 정치를 이용하는 거야, 아니면 정치를 위해 예술을 이용하는 거야?"

삼촌은 내 뜬금없는 질문에 고개를 갸웃거렸습니다.

"무슨 말이야?"

"삼촌이 정치인 사진을 예술 사진처럼 찍는다고 했잖아. 그럼 그런 사진은 뭐라고 불러?"

"너는 뭐라고 부르고 싶은데?"

"아무리 정치인 사진을 예술 사진처럼 찍는다고 해도 정치인이 들어가면 정치적 목적을 위해서 예술을 이용했다고 할 것 같아."

나는 내가 한 말에 스스로 놀랐습니다. 말을 하고 나자 히틀러 행동에 대해 갈팡질팡했던 나의 마음도 정리했습니다. 확실히 히틀러는 연극부 발전을 앞세워 자신의 이익을 추구하고 있습니다.

나는 히틀러가 준 지갑과 선거 운동에 대해 삼촌에게 말해주었습니다. 삼촌이 이야기를 다 듣고 빙그레 웃었습니다.

"히틀러라는 친구는 확실히 정치적인 것 같다. 하지만 한편으로 히틀러는 연극부를 무척 아끼는 나머지, 연극부 발전을 위해서 학생회장이 되려고 하는 게 아닐까? 삼촌이 볼 때는 히틀러에게 그런 의지도 있는 것 같은데?"

"뭐? 정말?"

내가 흥분하자 삼촌이 내 어깨를 다독이며 씩 웃었습니다.

"말도 안 돼. 학생회장은 한 부서를 위해 존재하는 게 아니고 학생 전체 이익을 위해서 일하는 거야. 만약 히틀러가 삼촌 말대로 연극부를 위해서 학생회장이 되는 거라면 히틀러는 학생회장이 되면 안 돼."

나는 단호하게 말했습니다. 그리고 지갑을 쥐고 있던 손에 힘을 주었습니다.

"우와, 재현이한테 이런 멋진 모습이 있다니. 좋아! 그럼 내일 히틀러한테 지갑을 갖다 주면서 지금처럼 말하면 되겠다."

어라? 나는 고개를 기우뚱하며 삼촌을 쳐다보았습니다. 그런 뜻은 아니었는데……. 지갑을 다시 줘야 하나……? 삼촌 말을 듣고 나니 난감했습니다. 나는 삼촌 눈을 피해 하늘만 두리번거리며 쳐다보았습니다.

"에라이, 임마."

삼촌이 피식 웃으며 말하자 순간 어깨에 힘이 쭉 빠졌습니다. 삼촌이 내 어깨를 툭툭 쳤습니다. 그리고 주먹을 불끈 쥐어 보이며 파이팅을 외쳤습니다. 나도 삼촌을 따라 주먹을 살짝 쥐고 아주 작게 "파이팅"이라고 말했습니다.

철학 돌보기

영화와 연극

벤야민은 영화와 연극을 구분하며, 영화는 아우라가 없지만 연극에는 아우라가 있다고 주장합니다. 영화와 연극이 어떻게 다른지 살펴볼까요?

첫째, 영화는 관객이 없는 세트에서 장면별로 촬영을 한 후 필름 편집을 거쳐 작품을 완성합니다. 반면 연극은 처음부터 끝까지 무대 위에서 관객들을 대상으로 공연되며 이야기 전개도 기승전결 방식으로 이루어집니다.

둘째, 영화배우는 카메라가 돌아가는 순간에만 집중해서 연기합니다. 하지만 연극배우는 공연시간 내내 자신이 맡은 역할 분위기를 표현하는 데 충실할 수 있습니다.

셋째, 영화는 장면마다 따로 찍습니다. 그렇기 때문에 여러 파편들을

모아서 하나의 이야기로 만든다고 할 수도 있습니다. 반면 연극은 한 번 막이 오르면 끝날 때까지 계속 진행되어야 하기 때문에, 처음부터 끝까지 하나의 덩어리로 이루어져 있다고 할 수 있습니다.

넷째, 영화는 시공간의 제약이 없습니다. 같은 장면을 반복해서 찍을 수도 있고, 해가 져도 계속 촬영할 수 있습니다. 촬영된 소리와 영상을 조화롭게 짜깁기함으로써 자유자재로 편집할 수 있기 때문입니다. 하지만 연극은 정해진 시간과 공간 안에서 마쳐야만 합니다.

우리가 집에서 사용하는 비디오카메라에도 비슷한 편집 기능이 있습니다. 클로즈업을 하면 공간이 확대되고, 고속 촬영하면 움직임이 느리게 보입니다.

영화에는 이미 찍은 장면들을 서로 이어주는 여러 기법이 있습니다. 그 중 하나가 몽타주입니다. 몽타주는 공장에서 자동차 부품을 조립하듯 필름을 다시 배열하는 것입니다. 마치 모자이크처럼 조각을 모아 전체를 만드는 것과 같습니다.

연극 예술이 처음부터 살아있는 것이라면, 몽타주 기법으로 만들어지는 영화는 부분부분 흩어져 죽어있는 것들을 연결해 다시 살리는 과정입니다. 영화의 등장으로 우리는 무대라는 시공간 제한을 넘어선, 여행을 할 수 있게 되었습니다.

아우라의 부활

 파시스트들은 전쟁을 예술화하고, 그에 맞서기 위해서
공산주의는 예술을 정치화한다.

— 발터 벤야민

1 우리는 원더보이스!

성웅이가 우리가 춘 텔미 춤을 인터넷 UCC(유씨씨)에 올렸다고 해서 인터넷 검색을 해 보았습니다. 교문 앞에서 춤을 추는 우리 모습이 나왔습니다. 우와, 우리 독수리 오형제가 이렇게 잘 췄던 가? 동작 하나 틀리지 않고 다 같이 맞춰서 춤추는 모습을 보니 흐뭇했습니다. 노래도 잘 하잖아. 게다가 조회수까지 하늘을 찌르 고 있었습니다.

나는 씩 웃었습니다. 원더보이스라고 팀을 만들어도 되겠어. 진

짜 이참에 연극부하지 말고 원더보이스나 만들자고 할까?

하긴 요즘 학교에서도 우리 인기는 장난이 아니었습니다. 우리가 지나가면 어떤 애들은 우리를 보고 어쩔 줄 몰라 하며 소리를 지르는가 하면, 또 어떤 애들은 우리에게 선물도 주곤 했습니다.

나는 반복해서 동영상을 보았습니다. 조회수가 높아지는 걸 보면 볼수록 내 자신이 대견했습니다. 학교에서 스타는 히틀러뿐만이 아니었습니다. 선거 운동을 준비하는 연극부 전체가 스타라고 해도 과언이 아니었습니다. 스타……. 생각만 해도 기분이 좋았습니다. 나는 혼자 키득거렸습니다.

나는 우연히 광고 배너에 정치인 사진이 떠 있는 걸 보았습니다. 가만 보니 삼촌이 사진을 찍어줬다는 그 정치인이었습니다. 배너를 클릭해 사이트에 들어가 둘러보았습니다. 삼촌 말대로 딱딱한 정치인 모습은 없었고 오히려 예술 사진처럼 멋지기만 했습니다.

우와, 삼촌 정말 사진 잘 찍는구나. 이 사진을 보고 누가 이 아저씨를 정치인으로 보겠어? 중견의 영화배우로 보지. 이 아저씨 인기 좀 오르겠는 걸?

조회수 역시 높았습니다. 정치인 인기도 오르고 사진을 찍은 삼촌도 유명해지고, 사진 찍고 돈도 벌고, 일석이조네! 이제 삼촌도 사진계의 스타라고 봐야 하나? 삼촌이 하려는 일을 반대했던 이모나 아빠도 이 사진을 보면 생각이 달라질 거야. 나는 사진을 프린트해서 이모한테 보여 주려고 거실로 나왔습니다.

"어, 재현이 나왔네요. 재현아, 아빠한테 전화 왔다."

아빠? 나는 이모한테서 수화기를 받아들었습니다.

"재현이니? 오늘 아빠랑 저녁 같이 먹지 않을래? 고기 사 줄게."

그 말에 나는 이모한테 삼촌 사진을 보여 주려고 했던 것도 까맣게 잊고 말았습니다.

아빠와 나는 한옥으로 된 식당을 찾았습니다. 텔레비전이나 민속촌, 박물관 같은 곳에서 기와집을 본 적은 있지만, 내가 직접 전통 한옥 집에 들어온 적은 처음이었습니다. 실제로 들어와 보니 기분이 새로웠습니다. 내가 옛날로 돌아가 도련님이라도 된 기분이었습니다. 어흠, 이리 오너라! 히히히.

"재현이 요즘 선거 운동 하느라고 많이 힘들지? 삼촌한테 들었다."

"괜찮아, 며칠만 지나면 끝나."

"삼촌 말로는 네가 히틀러한테 맞설 생각이라고 하던데. 정말 그럴 거니?"

나는 깜짝 놀라 아빠를 보았습니다. 그리고 고개를 천천히 좌우로 흔들었습니다. 내 바지 허리띠에는 히틀러가 준 지갑이 열쇠고리와 함께 걸려 있었습니다.

이 패션은 지금 우리 학교 최고 유행이었습니다. 아이들은 히틀러 지갑을 달고 다니는 아이들을 부러워하며 자기도 사달라고 집에 조른다고 했습니다. 이 와중에 내가 어떻게 히틀러와 맞설 수 있을까. 아빠가 어서 먹으라며 내 밥에 고기를 얹어주었습니다.

"히틀러는 학교 스타겠구나. 거기에 너희들까지."

응? 아빠가 그걸 어떻게 알지? 나는 고개를 끄덕였습니다.

"스타 대열에 끼니까 어때? 좋아?"

나는 크게 고개를 끄덕이고 씩 웃었습니다.

"애들은 우릴 연예인처럼 본다니깐? 선물까지 줘. 정말 웃겨."

학교에서 아이들이 우리를 바라보는 선망의 눈빛을 생각하니 기분이 저절로 좋아졌습니다.

"왜 사람들이 스타 연예인이 되려는지 알겠어. 역시 내가 꿈 하나는 잘 정한 것 같아."

"재현이 꿈이 뭔데?"

"아빠 뒤를 이어서 영화인이 되는 거. 하지만 영화감독보다는 영화배우가 더 낫겠어."

아빠는 소리 없이 웃었습니다. 역시 아빠도 내가 아빠 뒤를 이어 영화인이 된다고 하니까 좋아하시는구나. 나도 아빠를 보고 웃었습니다.

"아빠가 찍는 영화에 내가 출연하면 아빠도 좋겠지?"

"아빠는 재현이가 단지 인기를 위해서 영화인이 될 거라면 다른 걸 했으면 좋겠는데."

나는 아빠 말이 무척 의외라고 생각되었습니다.

"인기만을 얻으려고 일하는 사람들은 그 일을 오래하지 못해. 영화 일을 하다 보면 인기를 위해 사는 연예인들을 많이 보는데 그런 연예인들은 결국 몇 년 지나면 잊히고 만단다."

"하지만 아빠, 연예인들은 인기를 먹고 산다고 하잖아. 인기가 없으면 연예 활동을 오래하지 못해."

"과연 그럴까? 진정한 예술인들은 인기에 연연하지 않는단다."

나는 고개를 갸웃거렸습니다. 인기 없는 연예인은 진정한 연예인이라고 볼 수 없습니다. 스타들에게는 늘 팬들이 따라다니고, 팬이 없다면 스타도 존재하지 않으니까요. 스타는 스스로 빛을 내기도 하지만, 팬들이 좋아해 주기 때문에 빛이 나는 게 아닌가요?

"아빠는 대중문화에 몸담고 있으면서 대중문화에 대해서는 부정적인가 봐."

"왜 그렇게 생각하니?"

"그렇잖아. 삼촌이 찍은 정치인 사진도 마음에 안 들어 하고 엄마가 광고 그림 그리는 것도 마음에 안 들어 하고. 지금 삼촌이 사진 찍어준 정치인이 인터넷에서 인기 짱이야. 그럼 삼촌한테도 좋은 거 아니야? 나는 엄마가 광고 그림 그렸으면 좋겠어. 그래서 인기 있는 화가가 됐으면 좋겠어. 그래야 일반인도 화가가 멀게 안 느껴지지."

"우리 재현이 아빠가 안 본 사이에 생각이 많이 컸구나."

아빠는 아무 말 없이 나에게 맛난 반찬만 집어 주었습니다.

2 진짜 아우라와 가짜 아우라

"아가야, 텔레비전 좀 한 군데만 보자. 정신 사나워서, 원."

식당 텔레비전 앞에서 리모컨을 쥐고 계속 채널을 돌려보던 꼬마가 창가 쪽에 앉은 아저씨에게 '콩' 하고 꿀밤을 맞으며 꾸중을 들었습니다. 아이는 민망했던지 리모컨을 옆 식탁에 툭 놓고는 식구들이 앉아 있는 자리로 총총거리며 돌아갔습니다. 우리 옆을 지나 그쪽으로 가며 꼬마가 중얼거렸습니다.

"우이씨이……. 조금만 있으면 UCC 보여주는 프로그램이 나오는데······."

UCC라는 말에 나는 귀가 번쩍 뜨였습니다.

"맞다, 아빠! 나 인터넷에 떴어. 내가 선거 운동하는 모습을 친구가 찍어서 인터넷에 올렸거든. 잘 봐. 아빠 아들도 이제는 스타라고."

내가 피식거리며 말하자 아빠도 씨익 웃으며 말했습니다.

"덕분에 인기 좀 올랐겠는 걸."

나는 고개를 끄덕이고 어깨를 으쓱해 보였습니다.

"UCC도 어찌 보면 영화와 마찬가지야. 스타를 만들어 낸다는 점에서 말이지. 말하자면 아우라를 되살리는 격이랄까?"

"아우라를 다시 되살아나게 하는 거라면 좋은 일이잖아."

"아우라는 예술 작품 원본에서만 느낄 수 있는 거야. 사진과 영화는 그 자체가 아우라를 파괴하는 성격을 가진 매체인데, 그것들이 도리어 아우라를 강하게 살리려고 하는 거지."

"어떻게 사진과 영화가 아우라를 살려?"

"네가 UCC의 스타가 된 것처럼 사람들이 숭배할 스타를 만들어서 아우라를 씌우는 거지. 연예인 말고도 정치인도 그런 방법을 써서 사람들을 현혹시킨단다. 이런 것들이 과연 바람직한지 아빠는 의심이 생겨. 사람들은 결국 진짜 아우라가 아닌 가짜 아우라에 속는 것이 아닐까?"

진짜 아우라와 가짜 아우라? 아빠가 말하는 진짜와 가짜의 차이가 무얼까? 내가 생각했던 아우라는 쉽게 말해 사람들이 예술 작품을 보며 몸서리칠 만큼 감동 받는 일이었습니다. 그런데 아빠는 그런 감동까지도 가짜로 만들어 낼 수 있다고 생각하는 듯했습니다.

대화가 잠시 끊겨 나는 눈길을 텔레비전 쪽으로 돌렸습니다. 우스꽝스럽게 생긴 콧수염 아저씨가 군인들 앞에서 진지하게 연설을 하고 있었습니다. 아저씨 뒤로 펄럭이는 깃발은 나치 깃발이었습니다. 나치 깃발? 그럼 콧수염 아저씨는 히틀러인가?

그런데 가만히 보니 무언가 조금 이상했습니다. 아저씨 뒤에 있는 깃발이 나치 깃발과는 좀 달랐습니다. 아저씨 뒤에 있는 깃발 안에는 더하기 표시 두 개가 그려져 있었습니다. 배경은 어쩐지 우스웠는데 아저씨가 하는 연설 내용은 전혀 우스꽝스럽지 않았습니다. 연설하는 아저씨 눈에서 빛이 났습니다.

"군인이여. 복종하지 마십시오. 독재자에게만은! 그는 당신들을 조종합니다. 행동, 생각, 느낌까지도 그는 당신을 개, 돼지로 여깁니다."

나는 손을 높이 쳐들며 부르짖는 아저씨 모습에 나도 모르게 빠져들었습니다.

"아빠, 지금 하는 영화가 뭐야?"

아빠가 내 말에 텔레비전을 보았습니다.

"이야, 정말 좋은 영화를 하고 있네. 찰리 채플린의 〈위대한 독재자〉라는 영화야."

"그럼 연설하는 아저씨가 히틀러야? 그런데 좀 이상해. 히틀러는 나쁜 사람이잖아. 저 아저씨 연설은 좋아 보이는데?"

나는 텔레비전에서 눈을 떼지 못하며 아빠에게 물었습니다.

"히틀러를 꼬집어서 우스꽝스럽게 만든 영화야. 그러면서 독재자를 비판하는 거지. 영화 속에는 '힌켈'이라는 독재자가 나와. 지금 연설하는 사람은 사실 평범한 이발사인데, 생김새가 닮아서 사람들이 저 이발사를 힌켈로 착각해. 그래서 이발사가 독재자 역할을 하고 있는 거야. 그 바람에 진짜 독재자 힌켈은 가짜 이발사로 잘못 알려져서 잡혀 들어가지. 찰리 채플린이 1인 2역을 하는 거란다."

나는 아빠 말에 고개를 끄덕였습니다.

"진짜와 가짜가 바뀐 상황이구나. 재미있는 영화일 것 같아. DVD 가지고 있어?"

"가지고 있지. 빌려 줄게, 언제 아빠 집에 놀러 와."

나는 가짜 독재자 역할을 하고 있는 찰리 채플린이라는 코미디 배우가 무척 마음에 들었습니다. 삼촌이 문득 생각났는지 내게 물었습니다.

"너희 연극부장 별명도 히틀러라며? 왜 그런 별명이 붙었는지 알 만하지?"

나는 눈을 반짝이며 삼촌을 보았습니다.

"히틀러가 유럽을 지배했던 사회는 마치 군대 같았지. 그것을 전체주의, 또는 파시즘이라고 해. 개인보다는 전체를 더 중요하게 여기는 거야. 일사분란하게 줄을 서서 앞으로 행진하는 모습은 정말 멋져 보이지. 그래서 시민들은 히틀러 최면에 걸려 버렸어. 그러한 히틀러 모습이 바로, 독재자가 아우라를 강화해서 사람들을 선동한 경우야. 그것을 '정치의 예술화'라고 해. 예술의 아우라를 정치에 이용한 거라 볼 수 있지."

역시 조용혁은 회장이 되기 위해 연극부원들을 이용한 거구나. 순간 나는 주먹에 힘이 들어갔습니다.

"히틀러가 지배했던 시기에 독일에서 올림픽이 열렸어. 행사를 아주 아름답고 화려하게 했지. 그래서 국민의 단합을 유도하고 민족이 하나라는 애국심을 불러 일으켰어. 스포츠 행사를 화려하고 아름답게 하는 이유도 정치적인 효과 때문이야."

스포츠 행사를 화려하게 하는 것도 다 정치적인 이유였다니. 세상에 정치적인 이유가 없는 것이 있을까? 나는 스포츠뿐만 아니라 올림픽이나 체전 등 식전 행사 또한 좋아했습니다. 휘황찬란한 매스 게임이나 가수들의 무대를 보고 있으면 황홀하기까지 했습니다.

"체전이나 올림픽에 입장하는 선수들을 생각해 보면, 때때로 그들이 선수라기보다 군인이 아닌가 하는 생각이 들기도 해. 줄 서 있는 모습이 마치 군대 같거든. 정신이 없을 정도로 화려한 공연이나 콘서트 또한 이미 사라져 버린 아우라를 되살리려는 거지. 그런 화려함을 통해 아우라를 왜곡하는 거야. 우리는 스타나 정치인을 숭배하는 팬들을 멋있다고 생각해서는 안 돼. 아우라는 오로지 자연과 예술 작품에만 있는 거니까."

나는 아빠가 하는 말을 들으며 한쪽 벽에 펼쳐진 병풍을 물끄러미 쳐다보았습니다. 열 폭 짜리 병풍에는 자연 풍경이 멋있게 그려져 있었습니다. 자연과 예술 작품에만 아우라가 있는 걸까…….

얼마 전에 등산했던 일이 생각났습니다. 멀리 있는 광경이 가깝게 느껴지는 기분. 그때 나는 분명히 느꼈습니다. 멀리 있던 산이 바로 눈앞에 펼쳐지는 듯 가까이 느껴지던 그 기분! 지금 생각해도 신기할 따름이었습니다. 아빠가 무슨 말을 하려는지 이해가 되었습니다.

"히틀러는 자신의 아우라를 강화하기 위해 바로 영화를 이용했단다. 히틀러가 찍은 한 선전 영화중에 이런 장면이 나와. 군인들이 열을 맞춰 서 있는데 히틀러가 마치 종교 지도자처럼 멋지게 걸어오는 거야."

나는 콧수염 난 히틀러가 군인들 가운데 걸어오는 모습을 상상해 보았습니다. 조금 우스꽝스러웠습니다. 어떻게 옛날 사람들은 그런 히틀러 모습에서 아우라를 느꼈을까요? 하긴 용혁이 형도 꼭 수행원처럼 6학년 형들 몇 명에게 둘러싸인 채 돌아다니고는 했습니다. 처음 그 모습을 봤을 때에는 나 역시 용혁이 형이 멋있다고 생각했습니다. 그리고 나도 몇 명 친구들과 함께 몰려다니면 좋겠다고 생각했습니다. 옛날 사람들도 히틀러를 보면서 그런 감정을 느꼈던 것일까? 지금 다시 생각해 보면 용혁이 형과 그 무리

들이 우스꽝스러울 뿐이었습니다.

"벤야민은 영화가 아우라를 강화해서는 안 된다고 했어. 영화를 가지고 아우라를 강화하는 데 쓰면 영화가 망가진다는 뜻이지. 벤야민은 오히려 아우라를 파괴하는 영화 특성대로 영화를 만드는 게 낫다고 말했단다. 아빠도 벤야민처럼 스타 시스템을 굉장히 싫어해."

"스타 시스템이요?"

"영화는 아우라를 파괴하는 특성을 지녔는데, 사람들은 아우라를 다시 부추기기 위해 온갖 영화제를 만들어서 감독과 배우들에게 상을 주잖니. 이게 다 스타 시스템 때문이야. 스타 시스템은 아우라를 파괴하는 영화 특성과 반대로 가는 거야."

"아빠 말씀을 듣고 보니 대부분 사람들이 스타 시스템에 빠져 있는 것 같아. 나부터도 그렇고."

나는 의기소침해져 고개를 숙였습니다.

"그럼 이제 거기에서 빠져 나오면 되잖아. 안 그래?"

"맞아. 나는 스타 시스템에 현혹되지 않는 영화인이 될 거야."

"그렇게 된다면 아빠도 재현이가 영화인이 되는 걸 환영하지."

"정말, 아빠?"

나는 아빠가 내 꿈을 인정해 주어서 뛸 듯이 기뻤습니다. 아빠와 나는 미소를 지으며 고개를 크게 끄덕였습니다.

"그러면 재현아, 학교에 있는 히틀러하고는 어떻게 할 거니?"

아참, 그 문제가 남았지. 용혁이 형을 생각하니 절로 이맛살이 찌푸려졌습니다.

"예술의 기능은 한 가지만 있는 게 아니야. 시대와 상황에 따라서 종교적 대상이 되기도 하고, 감상의 대상이 되기도 하지. 또 요즘과 같이 정치적 대상이 되기도 하는 거란다. 그렇게 생각하면 아빠는 너희 학교 부장을 이해할 수 있을 것 같은데."

며칠 후면 선거 결과가 나오는데 지금 같은 상황에서 내가 뭘 할수 있을까?

"아빠는 요즘 윤동주 영화를 찍으면서 그런 생각이 들더구나. 아우라가 파괴되어 가는 지금 사회에서 예술이 무엇을 해야 하는지."

창밖 하늘에는 노을이 서서히 깔리고 있었습니다. 노을을 바라보고 있는 아빠 모습이 무척 진지해 보였습니다. 고뇌하는 예술인 같다고나 할까요?

그때 이모에게서 문자가 왔습니다.

'엄마 전시회 개장식이 있으니 늦지 마라.'

나는 씨익 웃으며 아빠에게 물었습니다.

"아빠, 우리 진짜 아우라를 느끼러 갈까?"

"진짜 아우라? 어디로?"

"오늘 엄마가 하는 전시회 첫날이잖아. 가서 테이프 자르자."

나는 아빠 얼굴을 빤히 쳐다보았습니다. 고민하는 표정이었습니다. 그 표정을 보니 나도 헷갈렸습니다. 나를 데리러 엄마 집에 왔다 갔다 할 때 빼고는 만나지 않던 두 분인데, 괜히 분위기만 어색해 지는 게 아닌가 싶어 마음이 싱숭생숭해졌습니다.

이윽고 생각에 잠겨 있던 아빠가 입을 열었습니다.

"꽃바구니는 들고 가야겠지?"

나는 씩 웃었습니다. 아빠도 나를 따라 웃었습니다. 나는 아빠가 정말 멋져서 엄지손가락을 들어 보였습니다. 우리는 식당을 나와 엄마의 전시장으로 향했습니다.

아빠와 내 머리 위로 깔리는 붉은 노을은 정말 황홀할 정도로 아름다웠습니다. 자연이란 참으로 신비로웠습니다. 자연이 빚어내는 색을 그대로 담아내는 화가들 또한 정말 대단했습니다.

엄마의 이번 전시회 소재는 '꽃'이었습니다. 그러나 나는 아직 완성품을 보지 못했습니다. 과연 엄마가 자연의 색깔을 어떻게 담아냈을까 궁금했습니다. 틀림없이 엄마 그림들도 황홀할 정도로 감동적일 것입니다.

　나는 아빠 손을 꼭 잡고 붉은 노을 속을 걸어갔습니다. 눈앞에 '추상화 화가 윤지희'의 '신들의 속삭임'이라고 쓰인 플랜카드가 봄바람을 타고 노을 속에서 펄럭였습니다.

　전시회는 기대 이상이었습니다. 추상화라고 해서 못 알아보면 어떡하나 조금은 걱정했었는데 그림은 누가 봐도 알아 볼 수 있을 정도였습니다. 내가 가장 좋아한 그림은 '해바라기'였습니다. 엄마의 '해바라기'는 고흐가 그린 '해바라기' 분위기와 180도 달랐습니다. 아주 밝은 노란 색 큰 해바라기 한 송이가 캔버스에 그려져 있었습니다. 왼쪽 위에 걸린 해바라기 얼굴은 캔버스 아래쪽을 향해 있었습니다.

　하늘색 캔버스에 그려진 노란 해바라기를 보고 있자니 마치 하늘에 걸린 해바라기가 땅에 있는 누군가에게 무언가를 말하려는 듯 했습니다. 엄마의 노란 해바라기는 전시회 제목처럼 신의 속삭임 같았습니다.

무엇보다 기분이 좋았던 일은 전시회를 통해 우리 가족이 다시 한 자리에 모였다는 사실이었습니다. 아빠, 엄마, 삼촌, 이모, 나. 다섯이 모이니 세상을 다 가진 듯 두려울 것이 없었습니다. 용혁이 형한테 하고 싶은 말도 거침없이 할 수 있을 것 같았습니다.

아빠와 삼촌은 전시회장 문을 닫을 때까지 같이 있어 주었습니다. 다 같이 모인 아빠, 엄마, 이모, 삼촌을 보니 지금 당장은 힘들더라도 우리 가족이 꼭 다시 모여서 살 수 있으리라는 생각이 들었습니다.

3 짝퉁을 권하는 사회

아쉬움을 뒤로 하고 엄마, 이모와 함께 집으로 왔습니다. 습관처럼 집에 오자마자 텔레비전을 켜니 '뉴스추적'을 하고 있었습니다. 주제는 '짝퉁을 권하는 사회' 텔레비전을 보고 있던 나와 이모는 그만 깜짝 놀랐습니다.

"어머, 저거 뭐야? 네 지갑하고 똑같은 거잖아."

기자 아저씨가 상자에서 쏟아낸 것은 내 지갑과 똑같은 지갑들이었습니다.

"그럼 뭐야, 네 것도 짝퉁이야? 이리 줘 봐."

이모는 내 지갑을 빼앗아서 요기조기 살폈습니다.

"설마 아니겠지. 내 것이 진짜고 저게 이걸 본떠서 만든 거겠지."

나는 고개를 흔들었습니다. 내가 가진 지갑이 가짜라고는 결코 믿을 수 없었습니다. 히틀러가 남을 잘 부려먹기는 해도, 속이지는 않을 것 같았는데…….

"어쩐지 그 아저씨 중국집에서 볼 때부터 냄새가 났어. 과장되게 웃는 모습하고는……. 역시 여자의 육감은 무서워."

"그 아저씨에게서 수상한 냄새가 난다고 처음 말한 사람은 이모가 아니고 삼촌이었잖아. 이모는 중국집에서 시끄럽게 떠들면서 사업 얘기를 하는 게 제정신이겠냐고 한 거였지."

"아무튼. 만약 네 지갑이 가짜라면 이제 히틀러, 학생회장 되긴 그른 거 아니니? 이런 짝퉁이나 돌리고."

"짝퉁 아니라니까. 이 상표 안 보여?"

나는 이모한테 버럭 소리를 질렀습니다.

"그래도 끝까지 배신은 안 하겠다, 이거지? 지갑에 날름 넘어가기나 하고. 연극부원 동원해서 선거 운동에 썼다고 난리칠 때는 언제고? 간사하긴……."

나는 지갑을 들고 방으로 휙 들어와 버렸습니다. 설마 히틀러가 짝퉁을 돌렸겠어? 하지만 내 머릿속에서 고흐의 '해바라기' 앨범이 떠나지를 않았습니다. 그 안에 있던 명품 사진들도 마찬가지였습니다.

생각해 보면 짝퉁이든 아니든 히틀러가 우리에게 뇌물을 준 행동은 변함없는 사실이었습니다. 나는 손에 들고 있던 지갑을 유심히 보았습니다. 형광등 불빛 때문에 지갑 표면이 매우 반짝거렸습니다.

나는 크게 마음먹고 손가락으로 살살 지갑 표면을 문질러 보았습니다. 얇은 코팅막이 벗겨지는 걸 보니 한숨이 나왔습니다. 진짜라면 멀쩡했을 텐데. 아쉽기는 하지만 나는 돈을 전부 꺼낸 뒤 지갑을 쓰레기통 안으로 던졌습니다. 쓰레기통에 처박힌 지갑이 슬퍼 보였습니다.

이렇게까지 할 필요가 있을까? 그냥 쓰면 어때서?

나는 고개를 절레절레 흔들었습니다. 아무래도 히틀러의 최면에 걸린 듯합니다.

식당에서 고민하던 아빠의 모습이 떠올랐습니다. 나를 향해 무엇인가 말하던 엄마의 샛노란 해바라기도 생각났습니다. 전시회

장에 있을 때까지만 해도 히틀러한테 못할 소리가 없다고 생각했는데, 용기가 마구 샘솟았는데! 하지만 그렇게 혼자 잘난 체 하다가 히틀러한테 잘못 보여서 학교에서 왕따 당하면 어떡할지 생각하니 한숨이 나왔습니다. 아주 답답했습니다.

"간사하긴……."

이모가 했던 말이 귓가에 맴돌았습니다. 나는 심호흡을 크게 했습니다. 나 하나가 행동한다고 해서 갑자기 무언가가 바뀌지는 않겠지. 머릿속에 그동안 했던 선거 운동이 천천히 지나갔습니다. 텔미 춤, 벽보, 콩트, 운동장 청소 등. 나는 연극을 하러 연극부에 들어간 건데……. 나는 다시 쓰레기통에 있던 지갑을 꺼내 책상 위에 놓았습니다.

'명품을 따라한 짝퉁이라고 다 나쁜 거야? 내 덕분에 너는 명품 지갑을 갖고 다니는 기분을 느꼈잖아!'

지갑이 나를 원망하며 소리치는 듯했습니다.

철학 돋보기

악용되는 아우라

방송을 보면 탤런트, 가수, 영화배우 등 스타들 인기가 대단합니다. 외모와 연기력으로 대중을 사로잡는 연기자에게 반해서 어릴 적부터 스타가 되려고 꿈꾸는 사람들이 많습니다. 벤야민은 그러한 스타 숭배 현상에 대해 비판적입니다. 왜냐하면 그것은 진짜 아우라가 아니라 가짜 아우라이기 때문입니다. 벤야민은 스타란 가짜 아우라를 씌워 전시적 가치로 포장한 상품일 뿐이라고 주장합니다.

기술 복제로 아우라가 파괴되지만 아우라가 다른 잘못된 형태로 되살아나기도 합니다. 그 예로, 영화나 TV 속 스타뿐만 아니라 대중을 선동하는 정치인을 꼽을 수 있습니다. 대표적으로 히틀러가 있습니다. 수염을 기른 히틀러에게 한 손을 치켜올려 인사하는 사병 모습은 오늘날 우리에게도 잘 알려져 있습니다.

개인보다 전체를 더 중요하게 여기는 체계를 전체주의 또는 파시즘이

라고 합니다. 군인들은 히틀러의 아우라에 의해 최면에 걸려 일사분란하게 줄을 서서 앞으로 행진합니다. 이는 독재자가 대중을 선동하기 위해 아우라를 정치에 이용한 대표적인 경우입니다. 히틀러는 독일에서 올림픽 행사를 열어서 국민들의 애국심을 불러 일으켰습니다. 오늘날에도 정치적 효과를 위해 스포츠 행사를 화려하게 치릅니다. 입장과 사열, 멋진 춤과 음악 공연은 사라져 버린 아우라를 되살리려는 정치적 행사입니다.

영화 매체는 히틀러와 같은 전체주의자에게 가장 효과적으로 이용되었습니다. 히틀러는 자신의 아우라를 돋보이게 하려고 예술을 이용했습니다. 벤야민은 '아름다운 정치를 위한 것'이라는 정치적 의도에 의해 영화가 악용되는 일을 반대했습니다. 또한 복제되어 퍼져 나가는 특성을 가진 영화 매체가 아우라를 파괴해 놓고, 영화제 등의 스타 시스템으로 인해 다시 아우라를 강화하려 하는 현상도 반대하였습니다.

에필로그

　나와 성웅이 그리고 다른 원더보이스들은 히틀러와 6학년 형, 누나들
몰래 분식집에 모였습니다.

　"그렇다고 그게 나쁜 거야? 난 그래도 용혁이 형이 회장 됐으면 좋겠
는데."

　"용혁이 형은 회장이 되기 위해 우리를 이용하는 것뿐이야."

　내가 말했습니다.

　"그렇지 않을 수도 있잖아. 형이 회장이 되면 오히려 연극부가 더 커지
고 활성화될 거 아냐. 우리 학교가 그야말로 예술 학교가 되는 거지."

　"너희들, 어제 '뉴스추적' 봤어?"

　내 물음에 성웅이만 고개를 끄덕였습니다. 나는 지갑을 테이블 위에
올려놓았습니다.

"나는 이 지갑 돌려줄 거야. 어제 짝퉁 물건 속에 이것과 똑같은 것이 들어 있었어."

"뭐?"

친구들이 전부 놀랐습니다.

"용혁이 형 집 굉장히 부자라고 들었는데, 설마."

"짝퉁이면 어때? 이거 줄 때 진짜라고 말하지도, 짝퉁이라고 말하지도 않았어. 그냥 수고한다고 줬잖아. 선물은 주는 사람 마음만 생각하면 된다고 우리 엄마가 그랬어."

"지금 하는 행동을 봐서는 학생회장이 되어도 계속 마찬가지로 우리를 부려먹을 거야. 무슨 일만 있으면 연극부원들이 해야 할 거 아냐?"

내가 말했습니다.

"학생회장 뽑히면 그 밑으로 임원들도 뽑히잖아. 그런데 왜 우리가 일을 해?"

"이렇게 답답하긴. 손 가는 일은 우리가 다 하고 결과물만 자기네들이 챙기지 않겠어?"

그때까지 가만히 있던 성웅이가 말했습니다. 성웅이는 테이블 위에 자신의 지갑을 올려놓고 계속 말했습니다.

"춤추는 게 재미있어서 인터넷에 올리고 또 그 덕분에 학교에서 인기도 끌었지만 재현이 말을 들어보니 이건 아닌 것 같아. 지갑은 마음에 들지만 나도 그냥 돌려줄래. 연극하러 연극부에 들어온 거지, 학생회장 만들기나 하러 들어온 건 아니야."

성웅이가 말했습니다. 그리고 자신 지갑 안에 있던 지폐와 동전들을 전부 꺼냈습니다.

"하지만 모레가 선거 날인데 이걸 돌려준다고 뭐가 달라지나? 히틀러한테 찍히기만 하겠지."

한 친구가 말했습니다.

"어쨌든 나는 성웅이랑 지갑 돌려주러 갈 거니까 너희들은 너희가 알아서 해."

나와 성웅이는 분식집에서 나왔습니다. 히틀러를 만나러 가는 내내 걱정이 되었습니다. 우리 행동에 히틀러가 버럭 화를 내면 어쩌지? 히틀러는 가만히 있는데 다른 형이나 누나들이 혼내면 어쩌지? 히틀러와 싸우게 되면 어쩌지? 히틀러는 싸움을 잘 할까?

나는 성웅이를 보았습니다. 의외로 성웅이는 침착했습니다. 괜히 나 때문에 성웅이까지 다치는 게 아닌가 싶었습니다. 성웅이가 고개를 획 돌려 나를 보았습니다.

"너, 겁나지? 히틀러랑 싸우게 되면 어쩌나."

나는 성웅이의 물음에 흠칫 놀랐습니다. 그리고 얼떨결에 고개를 끄덕이고 말았습니다. 성웅이가 나의 어깨에 팔을 감았습니다.

"사실 나도 겁나. 히틀러 싸움 되게 잘 한다고 하던데."

"뭐?"

성웅이는 놀란 나를 보며 크게 웃었습니다.

지금 내가 잘 하고 있는 걸까? 친구들 말대로 선물은 선물일 뿐이지. 용혁이 형이 연극부를 비롯한 예체능부를 발전시키려고 회장이 된다는 거라면? 어떻게 해야 정말 옳은 행동일까? 그리고 연극부원으로서 내가 해야 할 일은 무엇일까?

나도 성웅이 어깨에 팔을 두르고 힘을 잔뜩 주었습니다. 나와 성웅이는 서로 마주 보며 씨익 웃었습니다. 그 표정을 보니 내가 어떻게 해야 할지 모두 정리되는 기분이었습니다.

우리 우정은 정말 아무도 따라할 수 없는 예술이라니까!

통합형 논술
활용노트

01

다음 두 제시문을 읽고 대중문화에 대한 벤야민과 아도르노의 입장을 비교한 후, 자신의 생각을 이야기해 보세요.

(가)

"예술이 돈이 되는 게 문제야? 나는 그렇게 생각하지 않는데. 이번 기회를 통해서 대중이 좀 더 많이 공감하고 감동받을 수 있는 작품을 그려야겠어. 내 그림들은 지나치게 대중과 멀리 떨어져 있었어."

"언니, 많이 변했다. 언니, 그 사이 굉장히 현실적으로 변한 거 알아? 나는 지금의 언니 그림이 좋아. 그리고 많은 사람들이 언니 그림을 좋아해. 너도 언니 그림 좋아하지 않아?"

"나도 지금의 형수님 그림 좋아해. 하지만 작가의 가치관은 변하기 마련이고 그에 따라 그림 성향도 변하는 거야. 나는 형수님 말이 일리가 있다고 생각해. 대중과 먼 예술은 진정한 예술이 아니야. 나 역시 그저 돈이 좋아 정치인 사진 찍는 거 아니야. 내가 좋아하는 정치인이니까, 그를 지지하는 차원에서 사진촬영 의뢰를 받아들인다고 한 것뿐이야."

－《발터 벤야민이 들려주는 복제 이야기》중

(나)

귀족이 예술가를 후원하던 시대에는 창작이 비교적 자유로웠다. 하지만

대중의 시대를 맞아 예술가는 자신의 작품을 팔아야 하는 신세로 전락하였다. 예술이 장사가 된 것이다. 그래서 예술은 판매 가치를 추구하면서 본래 가치를 잃게 되었다. 시장의 경제 원리에 따라 예술작품이 거래되면서 이윤을 극대화하기 위해 예술은 상품과 같은 성격을 지니게 되었다. 잘 팔리기 위해선 대중들의 입맛에 맞출 수밖에 없다. 그러다 보니 '같은 것(동일성)'이 끊임없이 재생산될 수밖에 없다. 진지하고 무거운 클래식보다는 가볍게 즐길 수 있는 재즈(Jazz)가 인기를 끌게 되고, 카타르시스(영혼의 정화)보다는 흥분과 재미를 추구하는 경향이 두드러진다. 대중문화를 통해 고급문화는 퇴락할 수밖에 없는 운명이다.

　　　　　　　　　　　– 아도르노의 《계몽의 변증법》의 '문화산업' 내용 요약

02 두 제시문을 읽고 미디어(매체)가 어떻게 만들어졌으며 인간의 감각, 지각에 어떤 영향을 미치는지 설명하시오.

(가)

"맥루한의 이론은 전기·전자시대와 관련이 많단다. '지구촌'이라는 말을 처음 사용했고, 인터넷으로 세상 사람들이 하나가 될 것이라는 예언을 했기 때문이지.

맥루한은 원시시대처럼 인간의 감각이 균형을 이루고 인류가 하나가 되는 것을 꿈꿨어. 즉, 인간이 시각, 청각, 후각, 촉각, 미각을 모두 사용하는 것을 균형 있는 거라고 생각했단다."

"아! 이제 맥루한이 텔레비전을 예찬한 이유를 알겠어요. 텔레비전을 보면 우리의 감각이 두루두루 사용되고 있잖아요."

"그래, 맞다. 텔레비전은 오감을 자극해서 온몸에 골고루 자극을 준단다. 오감을 골고루 사용하던 인류는 문자시대와 인쇄시대를 거치면서 시각에 집중하게 되었어. 하지만 텔레비전이 등장하면서 현대인들은 다시 오감을 사용하게 된 거지. 이런 점에서 맥루한은 텔레비전을 긍정적으로 보고, 인간이 미디어를 통해 시간과 공간을 넘어 원시시대처럼 하나가 될 수 있다고 믿었어."

- 《맥루한이 들려주는 미디어 이야기》 중

(나)

"아무리 사진과 영화를 비판해도 사실 우린 사진과 영화의 도움을 받으며 살고 있어. 회화가 사람의 눈으로 본 세상을 표현하는 거라면, 사진은 사람의 눈이 아닌 기계의 눈으로 본 세상이야. 기계의 눈은 사람이 알아볼 수 없는 것까지 확대 화면이나 느린 화면을 통해 보여줄 수 있지. 어쩌면 사진이나 동영상에 있어서는 복제가 원본보다 낫다는 사람도 있어."

이모가 말을 마치고 픽 한숨을 쉬었습니다.

"확대 화면? 느린 화면?"

"우유 광고에서 봤던 왕관 모양 같은 걸 말하는 거야."

내가 묻자 아저씨가 예를 들어 말해주며 싱긋 웃었습니다.

"사진이 없었다면 우리 몸속의 세포를 일반인이 쉽게 보기는 힘들었을 거야. 기계 촬영은 눈으로 볼 수 있는 시간과 공간을 늘려 놓았어. 시간과 공간의 형식이 바뀌면서 인간의 체험 방식이 달라진 거야."

– 《발터 벤야민이 들려주는 복제 이야기》 중

통합형 논술
문제풀이

문제풀이

01 벤야민은 아우라의 쇠퇴가 예술
이 대중을 해방시키는 잠재적 요
인이 되었다며 긍정적으로 바라봅니다. 대
중매체가 생겨남에 따라 누구나 예술에 참
여할 수 있게 되었고, 대중들의 요구에 따
라 대중예술이 생겨났습니다. 이젠 예술가
뿐 아니라 원하는 사람 누구나 예술을 창
작하며 즐길 수 있게 되었습니다. UCC 동
영상을 누구나 만들 수 있게 된 것처럼 말
입니다.

이처럼 벤야민이 대중예술의 민주주의적
측면을 과대평가한 데 반해, 아도르노는
대중예술을 과소평가했습니다. 아도르노
는 대중예술의 배후에 있는 억압성을 문제
삼았습니다. 대중예술이 개인보다 집단의
입맛을 강조하면서 불만족에 익숙해지게
만들고 노동처럼 인간을 지치게 한다고 비
판했습니다.

드라마나 영화가 인기를 끌면 재탕, 삼탕
하는 것을 자주 볼 수 있습니다. 즉흥적이
고 자유로운 듯 보이는 재즈 연주는 예술
적 권위를 인정받는 클래식보다 인기를 끕
니다. 대중예술은 일반인의 예술적 욕구를

해소해 주지만, 그것이 집단적인 성격을
가질 땐 소수의 취향을 무시하고 왜곡할
수도 있습니다. 누구나 평등하게 즐길 수
있다는 대중예술의 장점을 지키려면 다수
의 취향뿐 아니라 소수의 취향도 존중해야
합니다. 또한 사회를 비판적으로 바라보는
시각을 잃지 말고 끊임없는 변화와 발전을
추구해야 할 것입니다.

02 맥루한은 미디어(매체)를 매우 폭
넓게 정의하면서 그 출발점을 인
간의 감각기관으로 봅니다. "미디어는 메
시지다"라는 말로 유명 맥루한은, 매체의
발전과정을 인간의 지각과 관련한 몸의 확
장이라고 주장합니다. 눈의 확장이 TV이
고 귀의 확장이 스피커이고 발의 확장이
바퀴인 것처럼 인간이 만드는 매체는 인간
의 몸에 대응한다는 것입니다. 문자와 인
쇄가 발달하던 근대부터 시각에만 집중했
던 인류는, 오늘날 전자매체를 통해 다시
오감을 모두 활용하게 되었습니다. 그래서
맥루한은 현대의 다양한 매체를 긍정적으

로 바라봅니다.

매체와 인간의 감각은 떼려야 뗄 수 없으며, 서로 영향을 주고받으며 변화해 갑니다. 맥루한이 매체를 감각의 확장이라고 여겼던 것처럼, 벤야민도 기계나 전자 매체를 통해 보다 뛰어난 지각능력을 누릴 수 있다고 생각했습니다. 맨눈으로 볼 수 없는 세포를 카메라나 현미경을 통해 볼 수 있는 것처럼 말입니다.

하지만 맥루한이 매체 자체의 특성이나 유래에 관심을 가졌던 것과는 달리, 벤야민은 매체를 통한 복제 현상이 사회적으로 미치는 영향에 더 관심이 많았습니다. 그리하여 매체의 다양한 효과 중에서 부정적인 측면을 비판하였던 것입니다.